SUHAIL MALIK

BLUEROSE PUBLISHERS
India | U.K.

Copyright © Suhail Malik 2024

All rights reserved by author. No part of this publication may be reproduced, stored in a retrieval system or transmitted in any form or by any means, electronic, mechanical, photocopying, recording or otherwise, without the prior permission of the author. Although every precaution has been taken to verify the accuracy of the information contained herein, the publisher assumes no responsibility for any errors or omissions. No liability is assumed for damages that may result from the use of information contained within.

BlueRose Publishers takes no responsibility for any damages, losses, or liabilities that may arise from the use or misuse of the information, products, or services provided in this publication.

For permissions requests or inquiries regarding this publication, please contact:

BLUEROSE PUBLISHERS
www.BlueRoseONE.com
info@bluerosepublishers.com
+91 8882 898 898
+4407342408967

ISBN: 978-93-5989-657-1

Cover design: Rishav Rai
Typesetting: Rohit

First Edition: January 2024

Dedicated To

Dear
"Parents"
The most beautiful, careful, and powerful.

ACKNOWLEDGEMENT

This book is the magic of one's thought, one can play with the words as one wants to be, here in this book you will love yourself. The way you think for your beloved is the only way you can do it. And fortunate for the one you are thinking about, So, life is beautiful no matter how long the moments of life are the only gift of blessing. This book is a journey that will let you flow with it, so here it is Definitely to mention those beautiful people who bear with me in listening all the time whenever I come up with a new page. ISLAM MOHAMMAD used to correct me in many situations and especially bestowed me with so many titles to think and write about. That journey to the AURANGZEB Tomb changed my imagination, I don't know how I got the connection to have an interaction with the king. I stayed for hours and talked with him and received in response thank you, Dear Friend.

The mind is a very powerhouse, it has a chromatic connection when you make it in a way to use it. I am very thankful to one of my dearest figures. DR. IQBAL came into my life and let me learn how to make SABR (Patience), handle a situation, fight against the evil in you, control the emotion in you and Your anger, and run against your desires to hold strength for life to spend it very beautifully. And I must mention he practically let me learn things but unfortunately, you never stand with me and for me. Thank you for giving me the kind of strength I hold now.

Respected Family! I am very pleased to be your part, my parents and my siblings most beautiful people around me who gave me the space, in which I grew up and learned the discipline that I am with now, I am very Thankful to my Allah (S W T) he blessed me with such a great family, I am the fortunate one who is most loved among all by everyone. Lots of love to my family kids who are always around me and make me feel that my world is here with them.

As one passes the stage in life where more responsibilities are coming into life handling such situations is the art of living life, I do have some beautiful people around me, my sibling, and a few peers. Handling life with these people is easy and comfortable. "Sifar" is the book of the magic mind. It's not easy to write about that which only exists in the mind and to live in that situation is pure art.

Additionally; I want to thank one of my peers HILAL LONE, who is always with me whenever I need him. Respected Sir, A R UNTOO is one of the most brilliant and treasured minds, we all are blessed to have such a great teacher in our stages. "Book of intelligence" which is the second part of "SIFAR" is gifted to the sir. One can see how brilliantly these short notes have a great impact on lives.

AUTHORS NOTE

As of now, life has turned into a sensual and sensitive period, life is beautiful with each passing stage, time is the best teacher and patience is the reaction to it. This book is the most beautiful feeling it took me almost 4 years to write these beautiful thoughts, it's not easy to enter that world that exists only in your mind and to live with.

My first two books are "The Silence of Souls" which is an award-winning book, and the second book "Hikayat e Dil" a poetry one. They were released in 2021 and 2023 respectively and are available on all leading platforms and receive a great response from all the readers.I am indebted to all my readers who love and appreciate my writing.

This book "SIFAR" is divided into two parts, the former is "the book of imagination". Which is that very world that exists only in words, where you feel very relaxed and you can change this world through within your mind. The later book is "The Book of Intelligence" which is deal with the changes in the current world and the life one is living.

I am trying very hard to give you the best writing at every stage, it becomes my responsibility to serve you with a good reading. Your support and suggestions mean a lot to me, I am thankful to all of you who choose these books and have a place in your heart and on a shelf.

Thank you very much.

Lots of love.

CONTENTS

BOOK OF IMAGINATION

1 MUJHE KHAUFF AATA HAI 2
2 EK LAFZ 4
3 HUM AISE KYUN HAI 6
4 EK MULAKAAT 8
5 AJEEB SE HAI WHO 9
6 BACHPAN AUR AB 11
7 QAYAMAT KA PANNA 13
8 IS KHAAS RAAT MEIN 15
9 GEHRI TASVEER 17
10 GUZAR GAYA 19
11 THEHAR JAO 21
12 KOI BAAT HAI KYA 23
13 KOI BAAT CHUPI HAI KYA 25
14 EK BAAT KARNI HAI 27
15 TERA KHAT MILA 29
16 KON HAI WOH 31
17 MARHALA 33
18 AAJ KA DIN 35
19 EK GUZARISH 37
20 CHALO BAZAR LAGALO 39
21 TERI SALTANAT MEIN 41
22 AAJ MUJHE AISA LAGA 43
2345 KOI AISA HOTA HAI KYA 45
24 ABHI TOH BOLA 47
25 BAHUT KAMINA HAI WHO 49
26 TALAASH USI KI THI 51

27 DIL KI TALAASHI 53
28 ANKHON KI UDAASI 55
29 YEH KITNE RAASTE DIKH GAYE 57
30 KHAWAABOON MEIN NEEND NAHI AATI 59
31 SHAYED WOH DOONDHTE HONGE 61
32 YEH KYA DIKHA GAYE HO 63
33 YEH LAMHA GUZAR JAYEGA 65
34 GUMAAN THA SHAYED 66
35 TERE HISSE KA WAQT 68
36 HUM US RAAT KYUN ROYE THE 70
37 SOCH KE KAB KI THI BAAT 72
38 EK BAAT KAHOON 73
39 KHAMOSHI KA AALAM 74
40 BAHUT YAAD AATE HO 75
41 CHALO KHAWAAB MEIN MILTE HAI 76
42 BAHUT HI BADKISMAT HAI WOH 77
43 KABHI TOH JHOOT BOLTE 78
44 AAJ BAHUT MANN KAR RAHA HAI 80
45 MOHABBAT ADHURI REH GAYI 81
46 KYA SIKHA GAYE WOH 83
47 CHALE AANA KABHI KISI BAHANE SE 85

BOOK OF INTELLIGENCE

48 IT IS TRENDING. 88
49 BOD BUBB NOT BUDD BUBB 90
50 PISCES GAL 91
51 "KUNWAY KI MEINDAK" 92
52 "AEK TCHAET SIM, SAAS GYE KOLI" 93
53 EACH ERA HAS ITS OWN STYLE. 94
54 HUMILITY-A UNIQUE ASPECT 95
55 GONE ARE THE TIMES 96
56 WHAT A LESSON OF MODESTY/DECENCY! 97
57 OUCH! THIS TRAIN OF THOUGHT AND MEMORIES! 98

58 IMPRACTICAL FUTURE 99
59 DOOMSDAY 101
60 LAYERS OF JOY 102
61 AN EYE 103
62 A LIGHT 104
63 DO AGREE 105
64 AGREE 106
65 STRUCUTRED FLAMES 107
66 POINTLESS STORIES 108
67 LONG-LIVING TREES MUST HAVE STRONG ROOTS. 109
68 CLEAN UP YOUR MIRROR AS FREQUENTLY AS POSSIBLE. 110
69 LIFE CAN BE PLEASANT WITHIN THESE GOLDEN PRINCIPLES: . 111
70 MALIGNANT PLEASURE 112
71 MINDSMELLS 113
72 MOTHER'S WAIL 114
73 THERE IS THE LAW OF NATURE. 115
74 "A TRUE MAN BELONGS TO NO OTHER TIME OR PLACE, BUT IS THE CENTRE OF THINGS". 116
75 TRENDS 117
76 AH! CAUGHT IN A VORTEX. 118
77 SNOW LASTS LONGER 119
78 ALAS! THIS 50--50! 121
79 WINTER AND WINTRY WAYS! 122
80 IF IT IS AROUND YOU ANY LONGER? 123
81 NATURE AND NATURE 124
82 SELF STATION 125
83 CROWS RIGHT, CROWS LEFT? 126
84 ARE HIPPOCRENE AND AGANIPPE'S THEORIES NOW OR ARE THE MUSES DEAD? 127
85 IF WE WASH THE GUM FROM OUR EYES... 128
86 ONE`S LIFE 129
87 GREATFUL 130
88 I KNOW NONE 131
89 WENT SEEKING, RETURNED UNFOUND. 132

90 WHEN APPEARANCE COMPELS THE TRUST.	133
91 TALE OF YOU	134
92 MIND`s EYE	135
93 HUMMED TALES	136
94 KING IS ROYAL WHEN KINGLY.	137
95 PILLION LOOKING BEYOND	138

BOOK OF IMAGINATION

1
MUJHE KHAUFF AATA HAI

Mujhe guroor hai, guroor toh mehez ek chota sa lafz hai, meri mohabbat ke liye, haan uss mohabbat ke liye jo bahot maayne rakhti hai. Mohabbat insaan ko bahot kamzor banati hai.

Kamzor lafz se mujhe bahot chid hai aur haan ab mujhe khauff aata hai tumhein khone ka, darr lagta hai door jaane ka, yeh sare lafz, yeh khauff, darr mujhe bilkul sahi nahi lagte.

Tum mujhe sang e mar mar samajhte ho, haan banjata hoon mein tumhare samne aisa mujhe zaroorat si lagti hai, warna meri mohabbat in lafzon se bahot kamzoor padegi aur mein haarna bilkul bhi nahi chahta.

Mujhe pata hai ki tum mujh se yeh kabhi bhi nahi poocho gey ki kitni mohabbat karte hai hum tumse. bas aisa samjhe ki har ishq karne wala hamare ander basta hai. Haan kuch ne apna naam majhnu, O Ranjha, farhad rakhe hai. Humein toh yeh bhi yaad nahi ki in mein se hum kon hai.

Par hum bholein gey bhi nahi ki tum hamesha hamara saaya banke hamare saath saath hote ho. Hum jo bhi saans lete hai usmein tumhara nasha hota hai. Hamari har dhadkan mein tumhara ehsaas hota hai. Hum yeh sab tumhein nahi batayenge aur humein pata hai tum yeh sab jaante ho. Isiliye toh hum apni mohabbat pe itrate hai aur hona bhi chahiye humein tum jo mil gaye ho.

Par yeh sab hum tumko nahi batayenge.

Aur hum intizaar karenge ki hamari mohabbat bhi hum pe guroor karein aur be shumaar karein.

Tum jaante ho.

2

EK LAFZ

Bahot saari batein karni hai humein aapse: par vahi soch rahe hai hum ki kahaan se shuru kare.

Hum khawaab mein bahut kuch keh dete hai aur haan tum saamne aate ho toh na jaane koi alfaaz, koi lafz kyun nahi aate. Jaane yeh aapki masoomiyat hai ya khoobsurati, jo humein ghaayal kar deti hai, waise aaj tumhari tareef hi hogi, kuch kahe bina hi tum bahut umdaah ho: haan bahut alag ho. khud se bhi alag tumhein pata hai tum itni khubsurat kyun ho.

Kyun ki tum meri ho.

Haan sirf meri….

Mein tumhein awaaz deta hoon sirf isiliye taki mein tumhara jawaab sunu.

Jab tum mujhe kehti ho ki bas "aayi" aisa lagta hai ki bahar aayi. Bas koi bahana dhoondta rehta hoon tumhari awaaz sunne ke liye . Bahut pyar aata hai tum pe jab tum bahut gusse mein hoti ho aur mujhe dikhati ho tumhein koi pareshani nahi. Kya mein tumhari dhadkan nahi samjhta, kya mein tumhari saans mehsoos nahi karta.

Pagal ho tum

Aisi kyun ho tum ya mere liye banti ho, banna chahti ho aisi sirf mere liye, mere sare rishtoon ko tum apna kehti ho aur sahi se nibhati ho.

Mujhe tum pe bahut pyar aata hai.

Tum bahut khubsurat ho serat se,

Tum bahut paagal ho, mere liye.

Yeh "ek lafz" jab tum padhogi toh khud pe bahut itraogi. zahir bhi hai aur woh ek nigaah jo tumhari mujh pe padegi "kasam se" mein marr jaonga.

Aur mein intzaar kar raha hoon, us waqt ka.

Tumhare liye "ek lafz" doond raha hoon

-----nahi mila-----.

3

HUM AISE KYUN HAI

Aaj se kayi saal pehle maine tumhari awaaz suni thi, haan sahi suna tumne. Bahot saalon pehle jab mera wajood banaya gaya tha aur us asmaan pe meri ankh khuli sab se pehle meine tumhein dekha- tum door se bahot dhundli si nazar aa rahi thi par maine tumhari awaaz suni.

Kehte hai jisne ya jis kisi ki bhi awaaz suni yane kisi ka naam suna asmaan mein woh iss duniya mein unse zaroor milte hai- kuch samajh aaya-

Kya tumne kabhi gaur nahi kiya ki hum dono aise kyun hai. Kyun hum ek dosre ke liye beqaraar se hai

Kyun hum dono ki dhadkan ek saath dhadakti hai, kyun hamari saans bhi ek doosre ki hai. Kyun hamari jaan ek dosre mein basti hai, kyun hum aise hai.

-kya tumne kabhi gaur kiya-

Kyun ek pal ke liye bhi hum ek doosre se alag nahi ho paate.

Kyun hum ek pal ki bhi doori nahi seh paate.

Kyun hum ek doosre ka saath nahi chod paate.

-kabhi tumne gaur kiya hai-

Hamara wajood hi ek doosre ke liye banaya gaya hai, mein tumhare liye aur tum mere liye aur yeh jahaan hamare liye banaya gaya hai.

Milna mehez ek mulakaat ka bahana tha humein milna tha, aur mulakaat ho gayi.

Sochna bhi mat

Kya hum aise hi hai

Yeh kehna bhi mat

Hum aise kyun hai

4

EK MULAKAAT

Yeh duwaan sa shab, poore chand ki chandi mein, tum aaye ek mulakaat pe: yeh ek mulakaat pe.

Ek ajeeb si raat thi woh, mujhe yaad hai, chand apne shabaab pe tha, mera mann ajeeb sa tha, mujhe samajh mein nahi aaya ki yeh meri halat Khushi ki hai ya gham ki , tumne awaaz di.

Mein shayed khawaab dekh raha hoon maine khud se kaha. Phir tumhari awaaz aayi mere naam ki- mein hakka bakka reh gaya. Thoda jo hosh sambhala aur tumko khud ke saamne paaya, ab khudara mein kaise sambhalta, tum hi batao.

Tumhara chehra uss chaand jaisa chamak raha tha. Woh noor, lajawaab tha. Woh mudhoshi se, jhuki howi ankhein, koi aamad thi kya aur gulaab ke se hoonth. Kap kapaate hua l- kya keh rahe the- mein nahi samjh paaya.

Yeh kali naagin si zulfein tumhein tangg kar rahi thi, jaise badal chand ko chupa raha tha. Mein kaise seh paata aur hata diya inko. Phir soch mein pada ki kahin mere chand ko kisi ki nazar na lage. Mein kya kehta: mein kya sunta. Kuch khabar nahi- na ataa pata mera. Tum bhi toh aalam e gaayab thi.

Woh mulakaat ek shab ki thi Na baat howi-na raat howi.

Bas howi toh woh ek mulakaat howi.

5

AJEEB SE HAI WHO

Sab se alag the woh, mujhe nahi pata ki kaise par vahi ajeeb se hai woh. Woh baat bahot hi narmi se kehte hai, lafz bahot kam, par ishaaron mein sab keh dete hai.

Unko hasna bilkul bhi nahi aata, par kuch alag se woh muskurati hai. Woh sabko dekhti hai aam si nazar se, par, aiii hiii, mujh pe unki nigaah kamaal ki hoti hai.

Jee mein aata hai unko chura loon is duniya se mein, kahin qaid karke rakh loon khud mein. Kisi ki nigaah na padne doon un pe, hai woh bahut se ajeeb se- mujhe nahi pata ki kaise par kuch alag se.

Kabhi mujhe bahot guroor aata hai, kabhi mein darr jaata hoon, par haan tum aati ho toh aisa lagta hai ki himmat bahaal hogayi. Ab poori duniya se mein ladd jaonga aisa gumaan aata hai, ho na tum bahot ajeeb si.

Mein aur kuch likh lete tumhare liye, par woh khushbu bare alfaaz nahi mil rahe hai. Woh Galib si kitab bann nahi rahi. Mir ke kalaam mitt se rahe hai. Faiz ki diwangi awargi si ban rahi hai. Mein nashe mein tumhare: shayed khoya hoon na jaane kahaan. Thoda hosh aane do: thoda thehar jaane do: humein sambhal jaane do: hum kuch aur likh lete, aap alag se ho.

Mujhe nahi pata kaise par ajeeb se ho.

Na jaane tum yeh awargi kab padh pawoge, mein door kisi andhere mein baith kar tumhein takta, tum jo itrate, mein mehsoos karta, tum jo gumaan karte mein nazar/zehn mein aata, haan tumhein mein jee bhar ke dekhta, tum kaise lagte mujhe nahi pata par bahut ajeeb se lagte. Tum bahut ajeeb si ho.

6

BACHPAN AUR AB

Bachpan ka khawaab bahut kamzoor hota hai, ab jake pata chala, us waqt ka iraada kafi mazboot tha, ab jake hosh aaya, woh nadaaniyaan mehz ek mazak hua karti thi, ab sambhal ke qadam rakhna padta hai.

Shayed ab koi maaf na karein, tab koi parwa nahi koi fikr nahi hoti thi.

Is umer mein bahot kuch yaad aata hai, jab kabhi baatein waqt ka asar aata, ab rishton ko soch sambhal ke rakhna padta hai. Us waqt mein har rishta khud sambhal jaata tha.

Zindagi ke kaafi andaaz hote hai ab guzarte guzarte dekha. Tab ek hi gumaan hota tha ki zid aur Khushi apne naam.

Ab bahut kuch tabdeel hua hai, maine ahista ahista jana yeh. Kafi kuch badla hai aaj maloom hua. Tab har cheez aisi badalti jaise apne haath mein jaadu hota tab ki baat alag thi, aaj ki baat alag nikli. Tab bachpan tha aur abb kuch nahi, tab masoomiyat thi aur ab naqaab, tab karam tha aur ab zehar.

Woh jo pal beetain hai yaad ab karo toh sukoon ke saath saath dukh bhi hai, bachpan ki baat hi alag thi, na fikr, na maqsad, na parwah har cheez apne waqt pe hoti na sabr, na qaraar, na daraar sab apne se the, kya khoob tha kainaat ka bana hua dairah. Ab toh bas sab ulta pulta hogaya hai. Khair zindagi ki aisi hi kahaniyaan hai kabhi dhoop toh kahin chawon. Har qadam ke aage ek qadam chalna padta hai. Tabhi toh zindagi paar hoti hai bachpan aur abb guzar hi jayega.

7

QAYAMAT KA PANNA

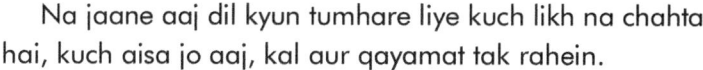

Na jaane aaj dil kyun tumhare liye kuch likh na chahta hai, kuch aisa jo aaj, kal aur qayamat tak rahein.

Yeh nahi pata ki mein aisa likh paonga ki nahi, yeh gumaan nahi ki mein aisa kuch likh pawonga bhi ki nahi. Par itna zaroor hai ki qayamat tak yeh baat rahegi.

Mein yeh soch raha hoon ki agar kisi ke pass duniya ki khoobsurat cheez ho toh woh usse khoobsurat lafz kaise dega- khoobsurat ki tareef khoobsurati se kaise hogi, yeh nadaani hai na meri nasamhji dekh lo aisa hi hoon mein.

Kya yaad hai tumhein.

Yaad dilata hoon mein tumhein- chaudhvi ka chand itna itrata hai na khud pe usse keh do ki jab mera chand subah subah ankhein kholta hai toh tum kyun chipp jaate ho. Itni sharm kyun aati hai mere mehboob ko dekh kar. Jab mera chand madhosh hota hai woh khud se bhi zyada khoobsurat lagta hai.

Aisi hai mere subah ki chand ki Chandni bilkul resham si Chandni. Uske noor se meri subah hoti hai. Meri ankhein uske alawa kisi se nahi khulti-woh chand se bhi mashooor hai meri nieyat mein.

Yeh badal chand ko chupate hai mujhe ajeeb sa lagta hai-shayed mujhe sukoon sa lagta hai.

Par jab uski zulfein uske chehre pe aati hai mujhe zakhm lagta hai. Be-daag sa chehra tera mein nahi dekh sakhta. Isiliye hataa deta hoon resham si zulfoon ko.

Kitni baar tumhari palkein harket karti hai har subah 100 baar ginta hoon. Uske aage nahi pata mein madhosh rehta hoon. Yeh tareef hai kya: nahi pata par mein tumhein aise hi dekhta hoon. Yeh batein tumhare ander hamesha rahengi jab tum yeh qayamat ka panna padhogi.

Yeh amanat hai meri sab batein tum jitna itrawogi, qabool hai. Par haan qayamat mein mujhe sunawogi.

Yeh hissa jab bhi tum padhogi, samajh lena akeli raat mein bahut kam Roshni mein, tumhare liye likha hai mein. Tum khush hojawogi.

8

IS KHAAS RAAT MEIN

Aaj ki raat ajeeb hai. Bilkul alag si pata hai aisi raat hazaaron saal mein sirf ek baar aati hai. Tum tanha khule asmaan mein bilkul akele ho. Aur mein is sabz maidaan mein khamosh raat mein is duniya se bilkul akela hoon. Ae chand tum dekh rahe ho aaj iss zameen pe mere alawa koi nahi aur asmaan pe ek tu. Thehar ja kahin jaana nahi mein pani pe ke aata hoon. Bas yunn gaya aur yunn aaya.

Shukar hai tumne intzaar kiya mein sabz gass pe letaa hoon aur phir baat karte hai. Yaar aise na dekha karo darr lagta hai mujhe aur upper se woh bhi mein akela hoon "mazakh tha".

Chalo kuch baat karte hai is khaas raat mein. Haan toh kya dastaan thi tumhari, tumhein halki si thand nahi lag rahi hai kya Chand, chalein oudd lein apne badaloon ko mujhe teri nazar se hi garmi aagayi. Pata hai intizaar insaan ko bahot thaka deta hai, aur wo bhi tab jab insaan akela ho, ae chand tumne kabhi kisi ka intizaar kiya kya. Is khaas raat mein jawaab dein mein nahi bolunga kisi ko bhi.

Aii hii tumhara aise sharmana meri toh jaan chali jayegi, phir yeh batein hamari aisi hi reh jayegi, ek sawaal tha mera tumse, thodi si takleef dega par tumhara jawaab tumhein dil se halka kar dega yaqeen rakh. Poochon kya;

yeh tum aise din behar khud ko sanwaar lete ho apne Mehboob keliye, kya tumhari mulakaat hoti hai kya raat mein unse, itna chamak dhamak ke rehte hai aap, is khaas raat mein dede aap jawaab.

Shayed hum bhi apne kisi khaas keliye intizaar mein hai. Tumhara yun chupp rehna acha nahi hai Chand. Yeh raat bhi nikal jayegi aur hazaroon saalon baad bhi nahi aayengi, keh do na kuch is khaas raat mein.

٩
GEHRI TASVEER

Bahoot sara Phalsafa phadhaa hai maine- na jaane kitni kitabein yaad hongi, aap andaazah bhi nahi laga sakhte. Par ek baat kahoon: tum bahoot gehre ho bahut gehra hai tumhara wajood- haan such keh raha hoon.

Tumhari ankhein! Jaise samunda r mein chamakte hua moti- jinki roshni bahot door tak- jake bhi vahi chamkaar deti hai. Jaise tarashi howi koi mar mar mein kaala pathar aisi jaisi sahil pe khenchi howi koi kajal ki gehri lakeer. Bahut khubsurat hai ankhein tumhari inse tum bas mujhe dekhte rehna-bas mujhe-

Tumhari jabeen: kaise mein nazar hatawoon isse, makhmali sa ehsaas dilati hai- jane kaisi tasveer batata hai, khile asmaan se khuli kitab batata hai.

Bahut gehri tasveer ho tum.

Tumhare hoonth: lal gulaab jaise velvet mein lipta hua, laal gehra rang jaise do hoonth ek dosre ka bouj uthate hai, yeh soch ke ki inka haq sirf inke pass hai, aur yeh sarhad ki lakeer khinchi hui, is ke paar na kisi ka aana na jaana. Yeh gehri tasveer tumhare hontoon ki dilkash hai.

Yeh surahi si gardan tumhari, jaise kisi keemti hunarbaaz ne kayi saal laga liye hoon is gardan ko tarashne mein, aur upper se makhmali ki chader se lapeta diya hoon, is ke qeemat toh khud karigar bhi na de sakhta hai

Itni gehri hai tumhari tasveer.

Aur yeh jism tumhara, uff. Mein soch raha hoon ki is ko bayan kaise karoon, koi nayi tarkeef nahi hai koi naye alfaaz nahi hai. Sirf ek line kehni hai ki tumhare baad koi aur bana nahi kabhi. Tum akhri kalakaari ho kisi ki. Yeh gehri tasveer jiske hisse mein bhi aayegi. Ba khuda mar jayega.

Isse aage agar likhon toh har tareef buri maan jayegi aur mein kisi ki bhi badd dua nahi lena chahta, kyunki mere pass tum jo ho.

10

GUZAR GAYA

Tumhein kya laga ki mein darr gaya, nahi yaara- meri mohabbat kisi ke lafzoon ki mohtaj nahi ki yeh kisi ke dagmagi alfazoon se kamzoor pade.

Tumhare liye toh mein jaan de sakhta hoon. Tumhein azaad karna apne dil se toh choti si qurbani hai. Mein toh har hud paar kar sakhta hoon.

Tumhein jis din khabar hogi meri tum kanpp jaoge, darr jaoge, tumhare pairon tale zameen hill jayegi. Tum samajh lene ki kisi se itni mohabbat kaise kar sakhta hai.

Haan meri mohabbat koi ek din ya ek mahine, ya koi ek saal ki nahi- log toh isse bhi bahut waqt kehte hai. Mera tumse rishta tabse hai jab se mera wajood bana. Tab se jab se hum duniya mein aaye. Aaj shayed 30 saal hogaye itna toh jee liye aur saal sahi. Waqt kisi ka nahi hota bas jo waqt ke saath saath lamhe jiye vahi apna hota hai.

Mohabbat karne wale zameen pe bahut milenge, lekin hum jaisa sadiyon mein ek aata hai. Jo sirf mohabbat se mohabbat karta hai aur bilkul sachi haan bilkul sahi.

Mein tumse koi sawaal nahi karonga- mujhe tumse koi shikayat bhi nahi- lekin haan ek baat zaroor kahonga tumhare pass bahut sare sawalaat rahenge. Tum poochne awoge, tumhare pass bahut sari shikayatein hongi, tum zaroor batane aawoge. Tumhare har haroof mein behte ansu honge. Tumhare ansu tumse bahut alag alag honge- yeh tumhara saath nahi denge. Yeh tumse tumhari shikayat karenge-toh tum mujhse jawaab mango ge.

Mera jawaab mere ishq ke siwa kuch nahi hoga. Mein khamosh aur shayed nahi honga. Tum waqt ko bahut koso ge par waqt kisi ka kab hua.

Yehi chota sa tukda mila mujhe tum tak baat batane ko, ab thoda peeche jake padd leta lekin woh waqt chala gaya, jaise tu waqt ke saath guzar gaya.

II

THEHAR JAO

Abhi abhi toh aaye ho abhi jaane ki baat na karo. Maine toh tumhein abhi dekha hi nahi, tumhari tasveer abhi zehn mein utri hi nahi aur tum ho ki aisi baat karte ho. Khudara tum jaane ki baat na karo hum marr jayenge- kuch kar jayenge.

Na yaara! Na hatao yeh nazrein dekhne do mujhe tumhari ankhon mein, gehre naino mein dhoop jaane do. Hawa ke jhonke ki tarah na bano. Mujhe tumhari ankhon mein apne aap ko dekhne do. Theher jao kuch batein toh karo.

Umer ke shumare nahi pata, jo mile waqt vahi keemti hai, yeh sama toh dekho kudrat ne humein moqa diya hai ki hum ek doosre ke saath baith ke kuch guftagu karein. Aur tum ho ki bas jaldi mein rehte ho. Kya meri zindagi tumhari nahi. Baith jao dekhne do. Khamoshi se mujhe tumhein mehsoos karne do. Thehar jao kuch pal ke liye bas. Kuch lamhe zindagi mein bahot mushkil se milte hai.

Aaj jee bhar ke dekhne do, is ke baad Wallah mein aise alfaaz nahi dohraonga , tumhein tumhare haal pe chod jaonga, pata hai tum pass hote ho toh duniya ka sab se zayada aur bada insaan mehsoos karta hoon, tum saath hote ho toh mohabbat mein sab se ameeri mehsoos karta hoon, tum saath hote ho toh gehri si gehri takleef ko marham karta hoon, yeh alfaaz mein nahi keh raha yeh meri ander ke jazbaat hai tumhein dekhte hi aajate hai, yeh sunke toh zara sa ab Thehar jao na.

Meine suna hai log kehte hai ki tum bahot ache ho, mujhe marham karo na, mere zakhmon ko lapeto na, yeh mein tumse hi chahta hoon, tum ho toh sab hai. Kyun tum nam howe, arre jane ki baat kyun kar rahe ho. Mujhe laga tha tum yeh sab sunke shayed thehar jao ge par tum toh nikal pade.

Khudara yeh dard mera badta jaaraha hai, bas badta jaraha hai. Jao ijazat hai ab jao, na dharo tum ab jao. Yeh pal tumne jo diye hai bahut gehre hai inke saath mein ta umer guzaroon. Yaad aayenge mujhe tumhara nazdeek aana thehar jaana ruk jana aur phir chale jaana. Jao chale jao tum bhi.

12

KOI BAAT HAI KYA

Aaj pooch hi lene dein, kitne saloon se yeh sawaal sene mein basa hai, har baar kisi na kisi bahane se pooch hi lete the. Par kabhi jawaab hi nahi mila. Aaj bina kisi khauff, kisi darr ke pooch lete hai. Tum jawaab dogi mujhe pata hai kyunki yeh sawaal bahot purana hai.

Koi baat hai jo bahut purani hai, kayi sadiyon se yeh raaz ek sandook mein pada hai, isko kholne ke liye kisi chabi ki zaroorat nahi, balki ek nazar ki zaroorat hai. Aur yeh nazar itni gehri honi chahiye jo iss sandook ki rooh tak jaye aur iss sawaal ka koi jawaab bata dein.

Koi baat hai kya, jo tumhari nazar se ek jawaab bhi abhi tak nahi mila, tumhara bolna itna zaroori hai jitna ki ek nadaan parinde ko pinjre se azaad karna, tabhi toh bolna padta hai baar baar tumse ki koi baat hai kya.

dekh lo yeh sawaal waqt ke saath saath bahut purana hota jaa raha hai ki shayed purani cheezon ka milna aane wale waqt mein mushkil hoga. Tabhi toh tumko batana padta hai ki koi baat hai kya. Jo tum is qeemti sandook ki ander base sawaal ka jawaab nahi de rahe ho.

Tumhari nazar itni kamzoor kyun hogayi, tumhare alfaaz itne gehre kyun nahi hogaye. Tumhare lamhe itne door kyun hogaye kya koi baat hai kya.

Aaj pooch hi lete hai ek sawaal jo kayi sadiyon se maang raha hai jawaab- is dabe sandook mein pade pade bahot kamzor aur shayed marr gaye alfaaz mein likha hoga. is waqt tumhein-tumhari nazar ko kholna hoga, padh na hoga, sochna hoga, samajh na hoga aur phir shayed jawaab milega aur jo har kisi poochne wale ko tasalli dega.

Uske liye tumhein aana hoga, itna fasala bhi toh nahi hai, waqt bhi bahut kam hai mera sawaal yehi rahega ki kya koi baat hai- aake batado.

Raaz kholdo: keh do, warna guzre waqt ke saath sawaal bhi hum bhi aur sandook bhi bahut purana lagega-hai na-ya koi aur baat hai kya.

13

KOI BAAT CHUPI HAI KYA

Tumhein pata hai kya! Ajeeb sa sawaal karte hai log, kitne mukhtallif har ek ke sawaal hai, mein hairaan hojata hoon. Ki har kisi ke sawaal ka kya jawaab doon, isiliye mein khamoshi ikhtiyaar karta hoon- par har koi yehi poochta hai ki koi baat chupi hai kya.

Tumne bhi mujhse ek roz aisa hi sawaal kiya tha; mein bahut uljha hua, bilkul ek bandha hua alfazoon sa insaan ban gaya tha. Na jaane maine kaisa jawaab diya tha mujhe yaad nahi. Par haan shayad tum mera jawaab sunke kuch khamosh hogaye the aur uske baad tumne yehi kaha tha koi baat chupi hai kya.

Aaj bhi jab mein kisi se baat karta hoon, khud ko lafzon ki qaid mein rakhta hoon. Ek ek shabd mein zehn se nikaal ke keh deta hoon, lekin sunne wala koi masoom nahi hota, mere se bahut zehniyat rakhta hai. Mera sunke: samajh ke woh aakhir pe ajeeb keh deta hai koi baat chupi hai kya.

Ab tumse kya kahoon: kaise kahoon koi baat hoti, koi raaz hota, toh mein qaid kar ke rakh leta: mein amanat samajh ke sambhal leta, koi baat hoti, koi mulakaat hoti. Na jaane kyun yeh log meri kisi bhi baat mein koi raaz dekhte hai, kyun mujhse yeh aise aise sawaal ker dete hai. Mein meri koi baat chupaon, ki kisi raaz ko rakh loon.

Mein hi jaanu, par tum jab bhi mujh se yeh poochna ki koi baat chupi hai kya. Mein muskura ke keh doon har baar, aisa nahi hai yaar.

Tum maan jaana, mujhe tasalli dena. Mein haan khush hojawonga, itminaan rakhonga, shayed sukoon pawonga. Aur hosh kho donga-phir tum yehi kehna bade aaraam se bilkul pyar se meri behoshi ke aalam mein ki,

-koi baat chupi hai kya-

Kya pata ki mein kuch keh doon koi raaz khol doon: aur tum bhi jaan pawoon ki- koi baat hai kya- koi raaz tha kya-

Par haan mere hosh tak tum khud ko sambhalna, warna kya pata ki koi baat hogi kya.

14

EK BAAT KARNI HAI

Ek arse ke baad yeh fursat ke pal mile hai aaj humein, aaj iss khoobsurat lamhe me ek baat karni hai, kayi sadiyon se yeh dil mein dabi hui hai. Aaj mausum bhi umdaah hai tum bhi khoobsurat ho aur humein bhi fursat hai. Aaj mein kuch kahoon ga, tum kuch kehna, bas jo bhi bol do woh bahut khubsurati sa ho. Kyun ki aaj ka waqt phir na milega dobara, tabhi toh soch ke rakha hai meine ek baat karni hai aaj tumse.

Tum dekho woh do hans, kaise Chandni raat mein ek doosre mein ghum hai, kya keh rahe honge yeh ek doosre se, yeh ki shayed khamosh hai. Yeh nazar bhi nahi hata rahe hai, aur chand ko dekh lo inhein khamoshi mein kaise dekh raha hai. inhein kyun koi farq nahi lagta yeh dono behass hai, yeh chand bhi khush kismat hai aur yeh pani poora dara hua: aaj ki raat bhi bahot mayal hai kya pata ki yeh dobarah hosh mein kab aaye tab tak tumse ek baat karni hai. Na nazar na hata, dekhne do mujhe tumhari ankhon mein yeh samaa hans ka-bilkul apne jaisa. Tumne poocha bhi nahi ki baat kya thi, ki baat karni kya thi, shayed aate aate hum hosh mein aagaye. Tabhi toh mujhe woh be-hoshi ke aalam mein sare jawaab mile. Tumne jo baat suni vahi baat khamoshi thi, tumne jo bhi kahaa shayed mein ghum hoke bhool gaya. Aisa kya tha yeh nasha ek tera aur raat ka ki mujhe kuch yaad nahi.

Ab hamesha tumse yehi kahonga ki us raat humne jo baat ki thi woh kya tha, kya tumhein kuch yaad hai, na mujhe kuch khayal hai.

Aaj phir se kehta hoon-ek baat karni hai- ki us raat humne kya baat ki thi, jawaab tere pass bhi nahi, mere pass bhi shayed par haan pooch lo us chand se, uski Chandni se, woh hans ke jodoon se, us thehre paani se, shayed unhein kuch yaad ho unse meri tarf se kehna- ek baat karni hai.

15

TERA KHAT MILA

Tere naam ka khat hathon mein hai, mujhe ajeeb sa mehsoos ho raha hai. Pehle toh teri khooushbu aur ab ehsaas bhi aa raha hai. Na jaane kya kya likha hoga iss mein, maine hazaroon gumaan lagaye par mujhe massarrat is baat se hai ki tera khat aaya aur abhi mere hathoon mein hai. Tera khat mila mujhe na jaane kya kya mila.

Kaash ki tum mere samne hote! Mein tumse khat kholne ki ijazat maangta aur padhte padhte tere anzaaz dekhta mujhe kaisa lagta mein bayan nahi kar sakta. Khair tum saath nahi koi baat nahi, tera aks tera wajood hi sahi. dekh lo baat khat se nikli aur kahaan jake aagayi mein kahin door jake kisi khamosh jagah baith ke akele mein tera khat padhna chahta hoon. Aisi jagah jahaan pe na pani ka shor ho, na parindon ki choon choon, na hawa ka behna, na mausum ka machalna, khamosh si jagah, jahan na mein hoon, tere khat ho aur is mein behte howe alfaaz. Par haan shayed kisi raat mein taroon bare asmaan mein, yeh moqa mile toh mein jaane na donga.

Dekh lo maine waqt mila aur waisa hi mila-isse behtar aur kya maangta. Vahi raat taroon bara asmaan aur halki si Roshni hai. Yahaan na pani ka shor, pani tham sa chamak raha hai shayed tere khat dekh ke, na yahaan parindon ki awaaz hai sab khamoshi se baithe hai shayed tera khat sunna hai, na yahaan hawa ki lehar shayed kaan lagaye hai unhoon ne, aaj tere khat mein mera zikr hoga.

Ab mein thoda khud ko thaam loon, zara mujhe saans lene do, mere dil ko thodi rahat aur aaraam hone do, meri Khushi ko koi nazar do yeh thoda tham jaye mujhe khat kholna hai, in kaanpte hathoon ko koi araam dein yeh tumhare likhe hue khat ko kisi bhi tarah ki gustakhi na hone dein, tera khat mila mujhe na jaane kya mila.

Yeh koora panna mere kaanpte haath mein hai, kya yeh bilkul kora hai ya mujhe kuch nahi dikh raha, ya shararat hai taroon ki jo nazar kuch nahi aaraha. Ab shikayat karoon toh kisse tum samne nahi- bas tum naraaz na hona tera khat mila jaisa bhi mila bas tera mila. Kabhi milke saath padte hai koora panna.

16

KON HAI WOH

Aaj yeh kya keh diya meri soch ne, mujhe gumaan diya tere hone ka, thoda waqt ko yaad kar yehi keh diya mere asar ne, aaj haan maine thoda socha kuch waqt mein peeche gaya, mujhe yehi baat yaad aayi ki mein kon hoon, kahaan se aaya aur kyun aaya. Ab yeh kehna lazmi hai mujhe usne laya- kon hai woh.

Maine sabse jawaab maanga, kisi ne kuch kahan kisi ne kuch, laazmi tha mein khud se poochta maine sooch se kahaa ki kisi ne tujhe bahot gehra banaya, tujhe bahot takat se nawaza, batao ki kon hai woh, maine nazar se kaha kisi ne tujhe teer banaya bahot umdaah rang diya batao ki kon hai woh, maine zubaan se kahaa wah! Tera kya lehja hai kisi ne tujhe suroor diya, tarah tarah ke lafz diye, tujhe taraz diya, naam lene ki takat di, batao ki kon hai woh. Maine dono kanon se kaha zarra bar ki harkat sunte ho, tum hawa ka shor aur parindon ko sunte ho. Tum be-hisaab sada sunte ho batav ki kon hai woh.

Meine pagal dil se poocha tere bahut tujhe mohabbat mili aur tu samajhta hai, tu khoon bahata hai par ishq nahi, tu saber karta hai par zakhm nahi batav ki yeh soda kisi ne kiya hai kon hai woh,

Sab ne yehi kaha woh akela hai woh rehmaan hai, woh Rahim hai, vahi Badshah hai, vahi pak hai, vahi najaat deta hai, woh mu`min hai, woh sarparast hai, vahi izzat wala hai, woh jabbar hai, woh mutakabbar hai, vahi Khaliq hai, woh bari hai, woh musawwir hai, vahi gaffar hai, vahi qahhar hai, woh wahhab hai, vahi razzaq hai, woh kamyabi deta hai, woh sab jaanta hai, woh qabid hai, woh basit hai, vahi khafid hai, woh rafi hai, woh mu`izz hai, vahi mudhill hai, woh sab sunta hai, woh sab dekhta hai, woh judge hai, woh adl hai, woh merharbaan hai, woh khabeer hai, woh baordbar hai, vahi azeem hai, woh ghafur hai, woh shaku`r hai, woh shandar hai, vahi Kabir hai, woh hafeez hai, woh muqeet hai, vahi Haseeb hai, woh jalil hai, woh karim hai, woh raqib hai, vahi mujib hai, woh wasi` hai, woh daana hai, vahi mohabbat wala hai, woh majid hai, ba`ith hai, shahid hai, vahi such hai, woh wakeel hai, mazboot hai, Mateen hai, dost hai, tareef wala hai, vahi muhsiy hai, vahi mubdi hai, vahi mu`id hai, woh zindagi deta hai, vahi mout deta hai, woh zinda hai, woh qayy`um hai, wahid hai, majid hai, waheed hai, woh akela hai, woh samad hai, qadir hai, muqtadir hai, mudaddim hai, mu`akhkhir hai, vahi awwal hai, vahi akhir hai, vahi zahir hai, vahi batin hai, woh sarparast hai, sabse zayadah hai, behtar hai, woh tawwab hai, muntaqim hai, afuw hai, ra`uf hai, malik ul mulk hai, woh dhu-l-jalali wa-l-ikraam hai, woh muqsit hai, jami` hai, ghani hai, mughniy hai, woh ma`ni hai, woh darr hai, nafi hai, woh nur hai, woh hadiy hai, woh badi hai, woh baqiy hai, warith hai, rashid hai, woh sabur hai,.

Yeh sab sunke mujhe laga bas vahi hai, ab jake mujhe mere sawaal ka jawaab mila woh sab kuch hai.

Kyun kisi se kuch kehta jab mujhe woh hai mila.

17

MARHALA

Waqt ka kya bharosa kabhi aar to kabhi paar, bharosa toh khud pe bhi nahi hai kabhi haan toh kabhi na, khud bhi ek mukhtari hai kahin pata toh kahin lapata, mukhtasir sa lamha hai kabhi shuru aur haan kabhi khatam.

Lamha bhi waqt sa hai kabhi guzra toh kabhi yaad kiya, waqt bhi ajeeb sa hai kabhi mera toh kabhi uska, ajeeb bhi yeh duniya hai yehi laya aur phir aisa hi choda, duniya bhi toh mukhtasir hai kya jeena aur kya marna.

Mukhatsir bhi zindagi hai vahi haar aur vahi jeet, zindagi pe bhi toh bharosa nahi kahin chale aur kahin tham, bharosa bhi toh wada nahi ki kya pakka ki kya toota, wada bhi toh jhoota sahi gham hi kahin umeed sahi.

Jhooti bhi toh zubaan hi kahin kabhi such kabhi marham, zubaan bhi toh mili nahi kya khamoshi kya guftagu. Guftagu bhi toh jhooti nikli kabhi uski kabhi lafzon ki, lafz bhi toh dor nahi kabhi azaab toh kahin tezz dard jaisa, dard bhi toh apna hi raha kabhi rulaya toh kahin mehroom kiya. Mehroomiyat bhi toh ajeeb si rahi kabhi mila nahi who jiski tamanna ki kahin mila nahi uska nishaan jiske liye dua ki, dua bhi aisi ki jaarz kiya hua nahi aur jo hua jo kabhi socha hi nahi.

Lamhon lamhon mein zindagi aisi bikhri ki sametna aaya nahi, marhala aisa guzra ki zindagi ke aate aate shaam si aagayi, shaam bhi aisi ki jis mein zara sa bhi ujala nahi kahin gehri raat bhi aisi ki kambahkt neend ka iraada bhi nahi, iraada ab aisa kiya ki tofaan ko harane ka hosla hi hai kahin hosla aisa rakha ki chattano se ladne ka jeet jaane ka fitoor aagaya, yeh ishq ka fitoor aisa hai ki is mein aag bhi apni rakh bhi apni kaante pe raah mein apne angare sholey dhoop tapish bhook lahu lahaan jism bhi apna. Apna toh mehz ab kuch na raha who jo marhala sa tha ab khud ka kuch bhi nahi.

Bharosa toh ab bas apne pe hi raha jo haath mein hai jo nazar se hai jo pass hai vahi apna hai jo apna nahi who waqt ka, waqt bhi toh ab apna hi nahi kabhi haan kabhi naa.

18

AAJ KA DIN

Zara suno aaj hamara Nikkah hai, kitna keemti din hai aaj, yeh din zindagi mein sirf ek baar aata hai, aur hamesha ke liye do jaan ko umar bhar jodta hai, mein sochte sochte na jaane kis aalam mein aagaya, aaj ka din meri nazar se dekho, tumhein sab se khoobsurat aur bahot keemti nazar aayega. Aaj hum dono ek hojayenge sirf yahi nahi balki wahaan bhi jahaan humein asal mein milna hai.

Aii hii tum is safed se jode mein kya qayamat lag rahe ho, Nikkah toh hone do kahin mein isse pehle hi quraan na hojaon. Uff itne sitam dhaa rahe ho kahin mein qubool kehne se phel hi na behosh hojawoon.

Aaj ka din mukhtasar na hojaye yeh din saal aur 100 saal ban jaye. Zara dekho toh asmaan se yeh kon laal laal phool barsa raha hai hum pe, yeh saaz mohabbat ke kon baja rahe hai, yeh qudrat kyun humein dekh rahi hai aaj ke din hamara Nikkah hai kya, aaj ke din hum-tum hojayenge. Ek hojane ka waqt hai aaj.

Who jab qudrat ka kanoon tumse poocha jayega ki kya qabool hai, tum mujhe apni nazar aur dil mein rakh ke kehna ki haan qabool hai. Mein mehsoos karonga aur bas aaj ke din se hi tumhara hojawonga.woh jab tumse kaha jayega ki kya qabool hai tum apne ankhon mein ek ansu zaroor lana ki is ansu mein mera zahoor ho aur haan keh dena ki haan qabool hai who jo sab se mohabbat karta hai humse. Aaj ke din who jab tumse pocha jayega ki kya tumhein qabool hai who jab mera naam kaha jayega toh tum mere naam ke kuch haroof ko apne naam ke haroof se mila dena ki tum ulaj jawo ki is mein se hum kon hai aur keh dena ki haan qabool hai jo jiska naam mere naam mein ghum hogaya.

Aaj ke din hum ek hojayenge sirf yehi nahi balki wahaan bhi jahaan humein lout ke jaana hai. Ek hona yehi ki har dukh dard such Khushi saath saath. Ek hona yane ki tumhara dard tumhari Khushi tumhari zimmahdari tumhari hifazat ab meri. Aaj ke din se ek hona yane ki tum mere aur mein bas tera.

Mujhe yeh qabool hai qabool hai haan qabool hai.

Aur kya tumhein?

EK GUZARISH

Aaj baat hogi, na koi shikayat, na arzoo, na koi aadat aur na hi koi guzarish aaj hogi toh sirf baat hogi.

Kitna beparwah hota hai yeh parinda, bas ek dana mila aur udne ki aadat chala. Jaane kyun isko yeh khabar nahi ki yeh aadat bahot aam hai, isko badalna ise kyun nahi aata. Phir bhi khud be shubah guroor karta hai. Koi aake inhein batayein ki ek guzarish aapki nahi chalegi, tu sirf baat kar be-shumaar kar har baat mein koi baat kar-bahut kar aur baat baat mein tu ek guzarish kar ki teri aadat badal jaayein tu bhi koi hunar seekh aur tera bhi koi naam lein.

Teri baat karte karte hum tere wajood tak aagaye tere pass tere haq pe chagaye, batav yeh hamari aadat bhi toh buri hai, teri baat kaorte karte hum khud ki baat karna bhool gaye, aisa hamesha hota hai, aaj kisi ki baat nahi hogi, is raat mein khali teri aur meri aadat ki baat hogi, jane kyun hum yeh-jah lag rahe hai, jane kyun hum yeh shikayat leke baithe hai, jaane kyun yeh ek guzarish hamari suni jaati hai, hum kya hai.

Yehi soch soch ke tera daana yehi raha, meri aadat badal gayi, yeh waqt rooth gaya aur akhir hum ber-haal toot gaye, hamara bhi suna gaya humein bhi badal diya, aaj ki baat ka hissa hi khatam kiya.

Aa nadaan parinde tu yeh ek guzarish phir na karna: mujhe badalne ka moqa na dena, hum aaj sune gaye kal kya pata na hum honge aur na hi shayed dua na aur tum. Par hamari misaley zaroor hongi.

Badalti ratein zaroor hongi, aaj bas ek guzarish karne do aaj ki baat ko badalne do.

20

CHALO BAZAR LAGALO

Itna toh mujhe pata hai, aaj toh zaroor koi gham leke aaya hai, tera chehra bayan aur ankhein bahot bol rahi hai, haan mein nahi jaanta tu khud farma raha hai, meri halat toh nahi hai par haan tumhein khud umdah dekhonga, tujhe tera gham bechna hoga, chalo bazaar lagate hai.

Are tu hairaan kyun hua hain, har cheez ka moul hai, aaj sauda hoga, bahot aayenge kharidaar, na jaane yeh khabar sunke duniya mein gham beech jaa raha hai, har kone se shayad aayenge, tu apne gham ka betahasha moul laga lena, bahot mehenga karna, magar chupana nahi shayad bazaar mein qeemti cheez dekh ke koi kharidaar chala aaye.

Apne gham ko iss bazaar mein bahut mool de, door door tak awaaz de, shayed koi sunke aaye.

dekh lein is bazaar mein sirf tera gham lene sab aaye hai, chal beach dein is bhare bazar mein koi taakat na rakhta ho toh udhaar na dena khud ke gham ke saath saath uska gham na lena, yehi bazaar hai yahan vahi bikhta hai jo dikhta hai.

dekhte dekhte shaam howi, bazaar bhi shayed dheema hua, andhera hua, is bazaar mein sab bika, bas ek tera gham raha, dekhne toh sab aaye aur kharidne shayed sirf hum aaye, is bazar mein sirf ek kharidaar hota hai, jo ek sauda be-Matlab ka karta hai. Ab tu hansa bhi shaam tak raha bhi, teri ankhein roshan howi, tera dil badal bhi gaya, jo bazaar lagaya tha, is mein bas tera gham bika, aur sauda ajeeb sa hua.

Gham leke rahat howi, bahut howi ajeeb rahi, sauda bada aaj hua is bazaar mein, akhir gham bika gham ke badle.

21

TERI SALTANAT MEIN

Aaj kuch ajeeb sa hua, yeh hona tha toh isiliye bulaya. Itne fasile se humne kuch nahi dekha, tumne humein chuna aur bahot asar diya. Aaj kuch ajeeb hua teri sultanat mein hazir hue.

Naam tumhara jo suna, dil ki be-shumar dhadkan mein gina, joun joun tera qadam Chadha na jaane koi sawaal raha, jane dhadkan aur qadam shayed mile bhi ki kya par: hum tumhein dekh rahe the ander ander. Aaj teri saltanat mein hum hazir howe aaj kuch ajeeb hua. Mujhe ek sawaal mila, teri badshahat ka bawaal mila. Tu bhi khali pada meri tarah hara padha. Aaj tere ghar aaya, aaj teri saltanat pe mila.

Koi nahi samajha na teri meri guftagu, kuch khamosh si batein, kuch ajeeb si kahani, aaj koi toh, kuch hua teri saltanat pe mein mila.

Suno tujhe bhi vahi mila, jo mujhe kal milega, suno tujh ko woh mila jo shayed kal mujhe milega. Aaj tum chup rahe, humne shayed zubaan kholi, tumne gosh band kiye humne phir bhi zubaan boli.

Aaj kuch ajeeb hua, hum teri saltanat pe mile, tujhe se kuch: tera manga, bahot nahi thoda manga. Aaj usse meine teri tujhko manga, shayed pehli aur akhri the yeh mulakaat, kal bhi hogi yehi hamari baat, teri saltanat nahi par yeh charcha mere pe hoga, tum bhi aawoge meri zameen pe, kal tum bhi kuch mera mujhse mango ge, mein khamosh aur tum bologe, tum bhi meri sultanat pe aawoge, kal hoga woh jo aaj ajeeb hua.

Aurangzeb Alamgir aaj hum teri qabar pe mile, yahan na tum Badshah the aur na hi hum wazir rahe, ek kamosh si mulakat rahi tum rahe aur hum tere badshahat ke Badshah bane. Kal yeh daastan hum se bhi hogi, kal hamari qabar pe bhi aayenge kayi wazir tab hum bhi yehi dohrayenge. Meri sultanat mein hum nahi.

22

AAJ MUJHE AISA LAGA

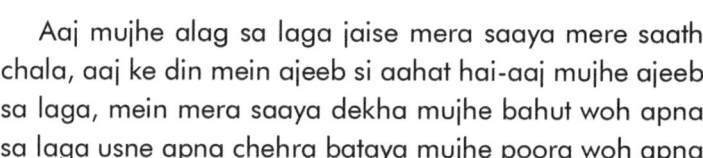

Aaj mujhe alag sa laga jaise mera saaya mere saath chala, aaj ke din mein ajeeb si aahat hai-aaj mujhe ajeeb sa laga, mein mera saaya dekha mujhe bahut woh apna sa laga usne apna chehra bataya mujhe poora woh apna laga.

Uski batein meri jaisi, uski ankhein ho ba ho, dekhein woh meri tarah, mera saaya sa laga, aaj chalo leke chala mujhe woh samunder ki taraf. Sahil pe baithe, hum dono ne ek dosre ko jaana, samunder ki sard lehrein, woh namkeen ehsaas mujhe aisa laga shayad mera saaya bana, mein sahil pe aur isne saaye se mujhe bahut kuch kahaa, woh samunder ki batein mein nahi samjha. Mere saaye ne akhir mujhe apna kaha-har pal mein usko dekha. Woh na jaane kyun nahi samjha, uski aadat thi meri jaisi par meri aadat woh na samjha, howi jo baarish ki halki halki ghustakhiyaan, na jaane yeh bondein bahut kam lagi thi meri seene mein aisi pyaas lagi toh mujhe bahut kam lagi mera saaya mera tha, pass tha ehsaas tha, saath tha, phir bhi woh shayed ghayal laga, aaj mujhe aisa laga.

Shaam aate aate who saaya mujhse door hota chala gaya, ahista ahista mujhse raabata khatam karta chala gaya, mein hairaan sa reh gaya jo apna tha who kahaan chala gaya, mein idhar udhar doondta raha who saaya nahi mila, raat tak ek baat maloom hoti chali gayi ki yeh saaya bhi apna nahi raha.

Aaj mujhe aisa laga ki jab tak samunder ki sard lehar mein jaan hai tab tak sahil pe Jamaal hai, who jo apni parchayi bhi nahi rahi toh kis baat ka intizaar hai, jab saaya bhi saath shod jayein toh zindagi Andheri raat jaisi lagne lagti hai.

Koi dhoop ka jab bhi silsila hua, shor e gul ka falsafa laga, mein is khawaab se jaaga. Mujhe bahut ajeeb laga, na tha mere saath mera saaya, na tha mere pass mera aks, mujhe hosh aaya, mujhe aisa laga.

Mein saath mein tha shayed ek baar laga, ki koi chou ke guzar gaya, aaj kuch aisa laga mujhe sab kuch pehli baar laga.

23

KOI AISA HOTA HAI KYA

Aaj mujhe subah ka waqt mila, aisa hi hua, koi ishaara mila, aisa bhi hua, pal pal kaisa guzra, waqt nahi bola, mujhe yeh pehli baar hua, kiya yeh tune diya yeh tune, meine isi gumaan mein raha, ki koi aisa hota hai kya.

Aaj mein sochne pe majboor hua, khali khali reh ke magroor hua, na jaane kaise mujhe tum mile, hawa se guzre raabata hua, aaj yaad aaya ki kya koi aisa hota hai kya.

Jaane mein tumhari tareef mein kya likhon, tere samne har alfaaz kam pad rahe hain, jaane tumhare liye kya likhon, koi kitab mil nahi rahi, tumko tumhare naam ka waasta mein jo bhi kahoon tum aisi hi na samajna, mujhe tere naam ka dil jaisi jagah banana-

Woh nazar meri bahot gehri howi joon joon dil ke ander jagah howi, aadat teri aisi dali, mohabbat meri khali kar di, mein leke bhi chaloon saath toh kya hai.

Tune mujhe pyaar diya bahot be-shumaar diya aaj Jummah hai, aaj shayad kuch maangne ka dil hooraha hai, khud ko bahut mila par tere liye kuch asar rakhne ko dil maang raha hai, aaj tujhko woh sab mile jisse tu be-zaar raha, aaj tujhe tere sapne mile, aur hamesha aise hi rahe, kal ki kya khabar, kab yeh ehsaas phir aaye- kal ka kya pata kab yeh waqt phir aajaye. Aaj ki aaj hi baat karte hai, ki koi aisa hota hai kya.

Tune jo bhi kahaa mein vahi sunta gaya, tune jo bhi boyaa mein vahi kaatta gaya, mein bahut khamosh raha par bas yehi dekha ki pyar tune pyar se kiya, bahut beshumaar kiya, aaj khud se mein sawaal kar gaya ki koi aisa hota hai kya.

Mulakaat kal bhi hogi, par asar aaj ka hi rahega, baat kal bhi hogi ehsaas aaj ka hi rahega, kal koi aur milega par aap jaisa shayed hi hoga.

24

ABHI TOH BOLA

Baar baar yahi sawaal karta hai tu, har baar sirf lafzon ki adla badli karta hai tu, mein har baar jawaab deta hoon aur tu baar baar yahi baat karta hai abhi toh bola maine, aur yehi such hai.

Aur agar iss baat se tu sehmati nahi rakhta toh chal aaj tumhein bataa deta hoon ki such kya hai. Agar tu mere lafzon ko nahi samajh raha toh aaj mein khul ke bol doonga ki kya baat hai. Aur agar phir bhi nahi samajh paya tu toh mera bas yahi jawaab hoga ki abhi toh bola maine.

Tumhare sawaal tumhari kafiyat bayan karte hai, tum bahot uljhan mein ho tumhein darr lagta hai ki kahin mujhe tumse koi door na karein, yeh tumhare sawaal tumhein takleef dete hai, mujhe andazah hai ki tum is alam mein baar baar rahoge, tum is duniya ki diwaron mein dekh dekh ke pochte jawoge. Abhi toh bola meine jawaab phir bhi tum sawaal pe sawaal kar rahe ho.

Tumhara har sawaal jayiz hai kehna, aur tum sahi karte ho, jab jab kuch sawaal poochte ho tab tab mujhe khayal aata hai ki tum kahin na kahin kuch soch mein ho, aur tumhari is soch ko mujhe azaad karna hai kyunki tum mere ho, haan toh kya pooch rahe the tum is ka jawaab toh abhi toh bola.

Shaaed tum samajh pao ki mein aur mere jawaab tumko kis tarah azaad kar rahe hai, shayad tum jaan paaoge ki tumko tumhari iss uljhan se mujhe kaise tumko rihayi deni hai, aur iss ke baad jab tumhare sawaal honge toh unke jawaab bhi tum hi de paoge. Phir se tumne yehi sawaal kiya abhi toh bola maine iska jawaab tum samjh nahi payein.

Chalein ab mein poochta hoon tumse ek sawaal mein bhi dekhta hoon kya hoga tumhara jawaab. dekha keh diya na tumne bhi abhi toh bola meine iska jawaab.

25

BAHUT KAMINA HAI WHO

Aaj se kayi saal pehle, maine ek khawaab dekha tha- bahut ajeeb, bilkul alag sa tha, kaifiyat bahot udaas hoti thi na jaane kyun- aisi hoti thi, aaj se kayi saal pehle ek shaks ko dekha maine, bahot kamina hai woh.

Woh khawaab bilkul khamosh sa tha, ek sehmi si jheel, jo apni khamoshi mein apna har dard bayan karti thi, aur kamaal ki baat yeh thi ki woh sirf mujhse baat karti thi, us jheel ke pass chamakti hui ghaas hawa mein jhoom rahi thi, bilkul sukhi hui jaan jaisi- yeh ghass apna gham hawa ko suna rahi thi, aur hawa yeh khabar jheel tak le jaa rahi thi, kamaal laga mujhe yeh manzar, aur kamaal laga mujhe woh jo mujhe yahaan leke aaya. Bahut kamina laga mujhe woh.

Is sunhari ghass ko bahot pyaas lagi thi, jheel qareeb thi par pyaas pass hoke bhi nahi buj paya aur jheel itni himmat bhi nahi kar pata ki ghass ko nam karta, yeh manzar dekh ke mujhe tajub hua ki dono ke pass sab hoke bhi kuch nahi- maine suna hawa ko bilkul mayoos sa baitha tha.

Bahut dard e dil hua mujhe, udaasi ka aalam raha, par ek aadat hamesha rehti hai, pani ke pass hote hai aur haath mein kankari aajati hai, toh phenkna lazim hai, vahi kiya maine aur jheel ki kuch lehrein paigaam layi, mujhe dekhne aayi, baat ki aur hans ke chali gayi.

Mujhe bahot achcha laga, khush hua dil shad hua aur ek baat takrayi zehn mein.

Meine hawa ko pass bulaya, ek baat khamoshi se kaan mein dali woh jhoom ke jheel mein gayi. Apne saath sard lehar aur kuch boondein layi- aake sunhari ghaas pe woh usko nehlayi. Yeh nazara dekh ke mere dil mein ek umang jagi. Woh bahut purana khawaab yaad aaya, khawaab mein dost yaad aaya.

Jo mujhe is jagah pe le aaya, aake mujhe zameen aur asmaan se milaya. Khawaab se nikal ke haqeeqat mein laya, bahut kamina nikla woh is jagah ki aur khubsurat tasveer nikala: mujhe umer bhar ki yaad dilaya.

Isiliye toh who Bahut kamina dost bana.

26

TALAASH USI KI THI

Bahot thak gaye hai hum bhaagte bhaagte aur aake ek aisi jagah rukein jahaan pe jami hui hawaa thi- ruka hua neela paani: ugli hui sabz ghaas, tehre hua udhte parinde, jaane hawa ne kyun apni saans rok ke rakhi thi, aisa kya tha jo paani ne apni rooh nikaal di thi, yeh ghaas ne apni jaan alag kyun ki thi, aur in parindon ne asman ko bejaan rang kyun diya tha, yeh mein kahan aake rukh gaya tha, yeh kiss talaash ne mujhe yahaan lake jama diya.

Shayad kuch kehna tha qudrat ko aur saamne ek bada sa aayena rakh diya, nazar uske aar paar hoti thi gumaan mein sari duniya dekhna tha, yeh nazar bahut tezz hogayi thi, meri nazar kuch talaash kar rahi thi, itni tezz to kisi ki talwaar bhi nahi thi, aisi gehri kisi ki soch bhi nahi thi.

Talaash us ki thi jisse meri thaki haari zindagi ek nayi taazi hojati, kisi bahot bheed mein koi nazar aaya, bade aaya par sirf ek vahi dikhi, shayad ahista ahista mere qareeb aa raha tha woh.

Mera dil bahot ghabraya, kuch pal ke liye tham bhi gaya zara sa, phir hosh sambhala, yeh kaisi halki halki hawa ki awaaz thi, yeh kaisa cham cham shor paani ka tha, yeh hawa ke pur kisne lagaye the jo yeh sar sabz ghaas ki kangi kar rahi thi, aur asmaan pe parindon ki udne ki awaaz hawa kyun mere pass la rahi tha, yeh kon aaraha tha.

Shayad jiski talaash thi vahi sheeshe se nazar aa raha tha-yeh aaine mein mere jaisa kon dikh raha tha.

Mein kya karta bas dum karke meine apni ankh band kar li, aur saans rok di.

27

DIL KI TALAASHI

Mein dua karta hoon aisa muqaam jaldi aaye zindagi mein jab tumhein bahut fikr hone lage meri, kuch ajeeb sa mann hojayega apna, aapka dil mutmaieen na hoga, jaane aap kis kashmakash mein honge.

Aapko meri fikr bahut ho jayegi, aap bahut door honge humse, humein khone ka darr hoga aapko par hamari taraf se ek hi baat hogi yaqeen nahi hai humpe toh ab hamare dil ki talaashi lelo, humein itminaan hai yahan aapke siwa kisi ka naam nahi milega.

Yeh duniya ka ajeeb dastoor dekh ke aapko hamare baare mein bahot se khayalaat satate honge, aapne tarh tarah ke kayi rang dekhein honge is auqaat ki mehfil mein. mera naam hata hoga lab pe na jaane kyun thartharat si hogi hoonton pe, Rangoon mein mujhe lipte dekhte honge apne zehn ke kisi kone mein aur kuch na kar pane ki koshish mein haar ke baithe honge. Dil hi dil mein humse baat karte honge aur hamara jawaab sab baton ka ek hi hota: ki hamare dil ki talaashi lelo ismein sirf ek hi rang milega aur is rang pe kayi rangoon se aapka naam dikh raha hoga.

Tasalli tumhein poori nahi hogi, yeh pata hai mujhe kyunki mohabbat aapne aisi hi ki hai. Jo bardasht aapko karne nahi deti hogi, par haan dil ki talashi ke baad tumhein thoda thoda itminaan aaye ga, kuch udhaar ke ansu aayenge tumhein mohabbat se phir se ishq hojayega, tere milne ki chahat aur jawaan hojayegi.

Tumhein ishq hogaya hai mere dil mein har kona khali hai, har din yahaan rehna chaho ijazat hai par agli baar mere dil ki talashi ka zikr na karna, yahaan tumhare siwa koi aur nahi rehta

Koi aur kabhi; kahin nahi rehta.

28

ANKHON KI UDAASI

Jaadu sa samaa hai har tarf jahaan dekho wahin tarah tarah ke rang hai. In rangon mein khoobsurat aahatein hai, swaadi awaazein gunj rahi hai, lekin yeh sab dekh ke meri ankhein waisi udaas hai, nahi pata isse kisko dekh ke khushi hogi kya dekh le masarrat hogi.

Kuch pal deni ki bahut koshish ki meine isse thoda aaram dein, kuch rang dikha kar sukoon dein, yeh sab dekh ke bas apne haal pe aa jate hai kahin chawoon tale ansoon aur dhoop mein so jate hai, yeh kaise imtihaan mein hai yeh ankhein, yeh kis udaasi mein hai yeh ankhein, kya koi inse pooch le mujhe toh muskurakar keh deti hai sab theek hai par tasalli kaise dein humein inse pooch lo.

Yeh ankhon ki udaasi mere jigger ke hisse karti hai, mera seena chak karke nikal jaata hai, inhein kya pata humein inki sirf fikr hai, aake bol dein humse apni udaasi.

Hum tak jo hosakha woh dikhlaya tum jisko dekhne ki baat karte ho unhone ne mana kiya hai, ab tumhari udaasi hum door nahi kar sakhte. ek baat dil bhi kar raha hai tumse sunto lo, aur yeh zehn ki tarashi kuch samjha rahi hai tum maanlo, tum maan lo inka rehna, yeh udaasi ankhon ki chod dein kuch khayal kar hamara.

Jaise dil ne khush rehna seekha hai tum bhi dekh ke bata ki kon dard mein nahi hai, jaise zehn ne chod diya hai fikr mein unko- tum bhi hosle se yehi kar dekh toh lo dard mein bi kaise jee rahe hai, yeh ankhon ki udaasi, yeh ansu ki narmi kuch pal mein tham jayegi tumne rangon mein nahi dekha murja jata hai jo kabhi lal gulaab hua karte the, toh chod de ankhon ki udaasi aur rehayi dede anko ko inse.

29

YEH KITNE RAASTE DIKH GAYE

Ajeeb si guzar jaati hai yeh zindagi, na jaane kyun woh kar jaati hai jo bata nahi deti, kaash ki isse itna pata hota ki kabhi kabhi ghabra jaati hai yeh zindagi. Suna tha ki manzil tak jaane keliye ek raasta leke chalna padega, par kabhi kabhi bahut raaste dikha deti hai yeh zindagi.

Maloom agar hota ki yahaan bahut bada jhamela hai toh mein mana kar deta zindagi. Yeh kis mod pe la khada kardiya, ajeeb si sikha deti hai yeh zindagi, yaad hai mujhe mere khawaboon mein tune bahut sare khawab saja diye the, har khawaab mein hosla deke tabeer kara diye the aur ab har khawaab ko paane keliye kahi raaste dikha diye zindagi, par kon sahi kon galat yeh bhi bata deti toh asaani hoti ehsaan hota tera zindagi.

Kyun itna zulm kar deti ho, kaise bardasht kar deti ho hamare dard ko dekh ke aaraam leti ho, ae zindagi itni bhi hadd paar na kar ki kal saath dene keliye tujhe akele rehna padein. Humne toh seekh li hai ki kaise kaatein yeh lamhe aur yeh hunar tumse hi sikha diye hai zindagi yeh kitne raaste tumne dikkha diye ki har raaste meri manzil tak jaa rukte hai, tune sooch ke rakha tha ki bahut azaab degi par azaab bhi tune bahut kamaal rakha tha zindagi.

Ab chahe tu rok lein, toofan khada kardein, mere zameer ko dhass de par kahaan rok loge is junoon ko, meri aah meri har dhadkan mere raaste ke saath saath meri manzil tak hai, ajeeb sa khel khela hai ae zindagi. Bahut dikhaye mujhe kitne hi raaste, par har raasta mujhe le chala vahi jahaan ghabrati thi kabhi udaas ankhein, kamzoor dhadkanein, dhagmate kadam aur thar tharahat yeh lab, Ab dikh gaye kayi raaste, mere saath challenge yeh mere waste.

Ajeeb si haar howi tere ae zindagi, na jaane kyun tere waste mujhe bhi dikh gayi kayi raaste, haan kitne hi raaste.

30

KHAWAABOON MEIN NEEND NAHI AATI

Yeh kaisa sawaal poonch gaya tu, thoda soch ke bola hota, lafzon ko tol ke bola hota, itni naadaniyaan teri batoon mein mujhe hairaan kar gayi. Tere sawaal ne bezubaan kar diya, haan: kya pooch ke gaya tu! Ki kya mein khawaab mein aata hoon, mein iska jawaab shayed nahi deta par yeh ek lafz mujhe bahut payara lagta hai, yeh "khawaab" mujhe mera apna lagta hai.

Koi fikr kahaan rehti mujhe- jo in khawaabon mein rehta hoon, koi gham na udaasi rehti hai, mujhe khawaboon ki zindagi bahut pyaari lagti hai, in khawaboon mein thaktta nahi, khawaboon mein neend nahi aati.

Par khawaboon mein aate hai bahut se chehre, tum kon piya yeh khawaab batata nahi, mujhe zindagi yehi khahin milti, haan poonch longa kabhi agar takra gaye tum in mein kahi, meri ankhein band hongi shayed bahut gehri neend mein honga par agar nahi pehchan paya toh maaf kardena mujhe khawaab mein neend nahi aati. Pehle toh anjaan bi jankaar mil jaate, ab khawaab bhi udaas hai, sab dikhte hai par jaanta koi nahi,

Mujhe maloom hai tere khawaboon mein meri jagah hai, par kahin tum sooye toh nahi, kuch khawaab suhane lagte hai-mujhe meri zindagi lagti hai, mein in mein bahut khush hoon mujhe yeh apne lagte hai.

Shikayat yeh kabhi khawaab mein bhi nahi karte, hokum yeh narmi se bhi nahi karte, khayal yeh yunn mera rakhta aise hai yeh rishtey hamare. kyun na mein poori subah inke saath jiyun, kaise na rehbhar inko mein chunoo, yeh mujhse hai mein inse hoon, isi liye khawaboon mein mujhe neend nahi aati.

Tum poochte hoon na mera zikr hai kya kahin in mein, afsoos se yehi kahoon, mere khawaab mere apne hai tum gairoon mein nahi, tum aate ho kayi baar in mein har baar tumhare saath khawaboon mein neend nahi aati- kaise aati.

31

SHAYED WOH DOONDHTE HONGE

Bada kamaal hai yeh waqt kaise guzar jaata hai kuch khabar nahi, waqt kaise badal jaaye koi andaazah nahi, kabhi waqt mausum ke saath saath chal kar kitna haseen lamha bana deta hai, kabhi saath mil kar rangeen sama kar deta hai, khubsurati yehi hoti hai ki haath mein haath daal ke chalo toh waqt bhi dilkash ban jaata hai, kya pata jo waqt pe chode woh kahaan jaata hai.

Yehi soch soch ke ek purana khayal yaad aaya shayed woh doondte honge humein aur humne unki talash karna chod diya hai. Waqt ka suna hai ek baar gaya wapas mudh ke nahi aata, yeh bhi suna hai waqt gol gol ghoom ke vahi rukh jata hai. Jahaan humein usne choda tha kabhi-hum vahi khade ruke howe hai, woh shayed doondte honge humein, kaash unhein bhi yeh ilem hota, ruki howi cheez kabhi chalti nahi, vahi humein doondne aate jahaan kabhi hum roz mila karte the.

Ek hi rishta bahut gehra hai insaan aur waqt ka, yeh ek dosre ka saath kabhi nahi chodte waqt insaan ke saath saath chalta hai, aur waqt ka kamaal yehi hai qadam qadam pe yeh insaan ko ache aur sache saathi jaisa sikha jaata hai, aur har us cheez ki qadar aur fikr karata hai jo is keliye sahi ho aur har us cheez keliye sochne pe majbour karta hai jo iski zarurat nahi hum bhi waqt pe bharosa kiye howe hai aur vahi hai jahaan pe rakha gaya tha who shayed yehi doondhte howe aayenge humein apni zarurat samjh ke.

Yeh doondhna waqt ki ek talaash hai jo humein apne se kisi aks se mila deeta hai, humein unse unke ho ba ho bana deta hai, hum kahin kho jaye toh humein talaash karne pe majboor kar deta hai, who bhi majbour hojeyenge aur shayed who doondhte honge humein aayenge who ek din humse milne aur hum unke haath mein haath dalke waqt ke khubsurat lamhe ek dosre ke saath bitayenge.

Shayed hum bhi unhein doondhte hai aur who humein.

32

YEH KYA DIKHA GAYE HO

Aaye toh kayi baar aap par is baar aapne yeh kya dikha gaye ho mera poora din har waqt bahut khush mizaaj guzra. Haan baat aaj ki khawaab ki hai. Kaise tum bahut ajeeb se alag chamak ankhon mein: ajeeb si muskurahat chehre pe woh mehak aap ke badan ki, aur woh mere qareeb aapka, jaane kya keh gaye ho, nahi pata.

Khawaab ne pareshaan kar diya ki kya aap ne koi iraada toh nahi diye jo mein nahi samjha. Phir tumhara woh wapas jaana mere dil se jaise jaan chale jaana, dil keh raha tha koi rok lein aapko. Vahi ek ek kadam aapka mujhi se door jaana jaise meri rooh ka ahista ahista jaan se nikalna, shayed mere dard ka sawaal raha aur tum gir gaye wahaan.

Yeh kya dikha gaye ho mera dil jaise gir gaya ho, paagal jaise mein tumhein uthane keliye aaya par kya dekha ki bahut sare haath tumhein hosla dene keliye aaye the, mein thoda sa udaas hua par jo tumne meri tarf muskuraye mein ander hi ander chamak gaya. Itni Khushi toh mujhe kabhi kisi khawaab mein nahi mili thi pehle, dekhein mein khawaab ki hi baat kar raha hoon.

Tumne wapas jaane ka irada kar diya tha dekh lo meri jaan ahista ahista jaa rahi thi, tum ek baar mud ke dekh lete mein maro jata lekin meri jaan pe raham aaya tumko aur awaaz di tumne yeh kya dikha gaye ho tum.

Ab is poori raat mein yehi soch raha tha ki kehna kya tha tumhein tum aaye kyun the, tum kya dikha gaye ho mujhe mein shayed is khawaab mein aur thodi dher rehta par subah ki azaan ne mujhe utha diya. Thodi si hassi aayi yaqeenan lekin ek itminaan bhi hua ki shayed aaj kuch hone wala hai kya.

Aur jo din shuru hua khawaab ne khabar bata di dekh tum dikh gaye aaj, vahi muskurahat vahi noor, yeh khawaab ne kya dikha diya mujhe tumse mila diya. Yeh khawaab bhi tab khula jab subah uth jao ki awaaz ne ankh khol di.

33

YEH LAMHA GUZAR JAYEGA

Kayi din pehle ek khawaab ko dekha tha, kitni hasrat thi jo dekha woh jee leta, waqt kitna ajeeb hota hai itni jaldi badal jaata hai, nafrat karta hoon mein isse, jiska itna intizaar ho aur aake chala jaye yeh lamha guzar hi jayega.

Har tik tik tak intizaar ki kashish rehti hai, aur waqt yehi keh deta hai ki suno yeh lamha jo hai tumhare pass yeh lamha guzar jayega.

Kya haseen bechani rehti hai lamhoon ke intizaar mein aur jab pass aake chu lete hai kuch hosh kahaan rehta. Ankhri waqt pe waqt ka andaazah hojata hai ki ab guzar gaya aur jaane ke baad waqt ko dobara dekha bahut udaasi hai, isiliye meri aur waqt ki yeh jung jaari hai yeh waqt bhi guzar jaayega. Waqt aur lamha guzar jaane ke baad waqt ko mein yaad hargiz nahi karta yaad toh lamha rehta hai, par waqt ne is lamhe ko bhi apna jaisa kar diya, guzar gaya.

Ab jung kaisi hogi, yeh saath saath rehte hai ek hum alag hogaye, na waqt raha na lamha, lamhoon ne waqt ke saath yeh kaisa rishta bana dala ek humko hara ke khud jeetne ka jashn mana dala. Lekin kitni hi dher yeh dono saath saath rahenge lamha hai yeh bhi guzar hi jayega.

34

GUMAAN THA SHAYED

Bahut baarish horahi thi us raat, thak ke haara hua joun mein bister pe pada, woh baarish ka saaz, woh khamosh andhera mujhe gehri neend mein lechala. Kaash uske baad mein kabhi uth na paata, woh us khawaab ka suroor, woh aaraam woh umdaah sukoon kash mein neend se na jaagta.

Mein na jaane kis lehar pe ruka tha, jab usne mujhe awaaz di, shayed gumaan tha mera, mein mudh ke na dekha, na jaane kis soch mein dooba tha, woh jo usne mujhe phir se awaaz di "wah", itna suroor, itni meethi lehar, ab saber kahaan hota, meine hawa ke saath peeche mudh ke dekha, usko dekha, usse dekha, yeh kya dekha.

Jism pe lal gulaab lipte howe, ankhon mein choudwin ka chaand bhare howe, baaloon mein hawa kangi karte howe, uska yunn mujhe dekhna shayed gumaan tha mera. Mere ander ke zakhm marham howe, meri nas nas mein nasha hua, woh sadiyon ki batein aaj karni hai, woh duniya ke sitam sab bhool jane hai. Kaash yeh raat, yeh silsilaa aise hi chalta rehta, jab uske samne mein usko sunta raha.

Kuch kaha tha usne, najaane mein kyun na samjha, vahi gadi hi aisi thi, mein usse sirf dekhta raha. Woh mera haath pakde mujhe kahi le chala, yeh gumaan tha shayed mera, par mehsoos hoke jo usne yun daman choda, meri ankh khuli, shayed asmaan se meri liye awaaz aayi, yeh mehz ek sapna tha, par aisa bhi kya ki itna sukoon-bister chodd ke mein uske sajde mein giraa, yeh gumaan nahi such tha mera, sukoon sajde mein mila bas yehi mila.

35

TERE HISSE KA WAQT

Tujhe se juda hone ke baad har subah aur har shaam satati hai mujhe, raat jab ankh lagti hai ek pal mein khul bhi jaati hai. Shayed ehsaas ki gustakhiyaan aapki, shaam thaka haara hua apne bister pe padta hoon toh khayal tumhara liye baith jaata hoon. Bahut sukoon ke saath hi phir se azaab shuru hone lagta hai. Pata hai tere hisse ka waqt mein aaj bhi tanha guzarta hoon.

Woh subah ki suraj ki kirne mujhe tumhari yaad dilate hai tumhari tazah mehak se meri neend khol deti hai tumhari khusbu aate hi aag lag jaati hai. Seene mein, woh be dard waqt yaad dilate aur hum din shuru hi ansu se karte hai woh tere hisse ka waqt hum aaj bhi tanha guzarte hai.

Din ka kuch hissa nikal jaata hai lekin dopahar ki woh aadat yaad aati hai, khana khane ki beatein yaad aati hai aate aate hum bhoke hi reh jaate hai yeh log aksar hamare hisse ka khana kha jaate hai, yun din raat ka koi aadat ho hum aaj bhi tere hisse ka waqt tanha guzarte hai.

Tujh se juda hoke hamare hisse ka waqt humein kabhi mila hi nahi din raat tum se aaj bhi waqt baant lete hai. Mere hissa ka waqt shayed tumhare pass ho, tumhein bhi yaad aur aadat hoti hogi tum bhi apne hisse ka waqt mere naam se hi rakhte honge. Who tere mere hisse ka waqt na jaane kyun dobara se hum nahi jee payenge, jo bhi ho par tere hissa ka waqt hum aaj bhi tanha guzarte hai aur mere hisse ka waqt shayed tum- shayed tum- nahi pata kaise guzarte ho.

Tum juda toh howe par raaste badal diye hum juda howe toh rahein sameat li, tum subah se leke subah tak saath hote ho is waqt koi waqt nahi jo tere bagair na ho. Toh tere hisse ka kon sa waqt hai jo hum tanha guzarte hai, tum kaho who jo mere hisse ka waqt tumhare pass hai who tum kaise guzarte ho.

36

HUM US RAAT KYUN ROYE THE

Ab toh bewakoofi si lagti hai mujhe, jab yaad woh raat aati hai, thodi si hassi aati hai kuch thehar ke ansu aate hai, kuch batein yaad aati hai, kyun lamhe gungunate hai, phir hum bhi khud se yehi sawaal karte hai, us raat hum kyun roye the.

zakhmon se bhara seena hai mera, har zakhm tazaa lagte hai, jab jab ek aur thokar khate hai, hum yunn bhi girr jate hai phir se uth jaate hai, phir hum khud se yeh sawaal karte hai, sabar thame liye ek aur qadam uthate hai, yaad aate hai woh tere chaakh kiye howe dard humein woh raat yaad aati hai, hum poochte rehte hai us raat hum kyun nahi roye the.

Ajab toh tab hai na din hai na raat hai, roothi si zindagi koi hasrat baki nahi, woh khawaab adhure reh gaye, woh jeet purani hogayi, hum aake khade hai us modh pe jahaan se aage koi raasta hi nahi, yehi ruke howe hai hum dhurate hai khud se vahi sawaal, us raat hum kyun rooye the.

Hamare jawaab ka intizaar humein aaj bhi hai, kuch zindagi se malaal aaj bhi hai, isi khayal aur weham mein kategi zindagi ki kuch aur saal aur bas shaam hi shaam. Yeh kahaani hi tamaam, aayenge kuch duhraane kuch hamari dastan, padhenge yeh gisse pitte hamare alfaaz, bas ek sawaal ki talaash mein tum lagoge, ki kyun yeh us raat bahut rooye the.

Shayed kahin mile koi jawaab toh aake batadena mujhe bhi, us raat hum saath saath woh raat yaad karke, phir royenge ek baar.

37

SOCH KE KAB KI THI BAAT

Aaj kuch soch ke likhna pada mujhe, yun tumhara khayal achanak se aaya. Toh yaad aaya, bahut zulm kiye meine tumpe, yaad aaya seedhe war kiye tumpe. kabhi khamoshi se kabhi alfazon se, aur kabhi zubaan se, har baar tumne yehi sikhayaa, jao aur muskurao-meine tumse soch ke kab ki thi baat.

Aaj jab yaad kiya tumko toh tumhare kiye howe sitam kuch dikhe nahi, meine tumko khud ko samajh kar, tumpe apna haq jatakar, bahut hi udaas kiya tumko, shayed ghabragaya tha mein, yun haar gaya tha mein, tum bhi toh kamaal karte ho, mujhe yunn thoda sa satate ho, mere zulm tumpe bahut hai meine maafi bhi nahi, soch ke kab ki thi.

Aaj tumhara zikr howe, tum pe bahut pyar aaya, mere har lafz ko piya, mujhe sikha diya, ishq toh ishq hai, kam kaisa zayadah kaisa, ab tumhara mere rishta yehi raha, safeed parde pe naam likha, har rahat ki dua ki yehi aaj soch ke ki hai, tum raho khush abaad, bas mere saath saath soch ke ab ki hai baat.

38

EK BAAT KAHOON

Dekhein yeh waqt ko kitni jaldi sa jaa raha hai, abhi abhi toh hum kuch samjh paaye hai, abhi abhi hum thoda sambhal paaye hai, aur yeh waqt shayed humein hamari baat karne nahi dega, mujhe ek baat karni hai is baat mein 100 raaz hai, har raaz mein koi baat hai, ek baat kahoon-kuch nahi.

Mere dafan seene mein kayi sadiyon ke qisse hai, har qisse mein tera zikr hai aur har zikr mein tum ho, yun waqt moqa nahi deta warna toh ek baat kahoon-kuch nahi.

Jane ghadi ki tik tik kab awaaz dena band karegi, kab waqt ankhon mein dhool jhonkenge, kab dhadkan saaz dena band karegi mere har lamhe mein tere qadam hai aur har qadam pe manzil, manzil ka raaz boloon, raaz ki baat hai ek baat kahoon-kuch nahi.

Meri galtiyaan waqt pe hai, is waqt ka kya bharoosa iski yehi kamzoori hai, hum tum ko aur tumse koi juda nahi, yun jaise waqt mausam se, is mausam mein jadu hai aur jadu mein nasha sa hai, is nashe ka raaz boloon-kaan de ek baat kahoon-kuch nahi.

Ab jab khamoshi mein sab keh diya, raaz samne khol diye mein kya tha tum kya ho yeh baat na meine jaani na tum ko khabar, ek baat kahoon tum samjh gaye yehi raaz tha yehi baat thi.

Waqt ka saath raha toh phir baat hogi, ek baat kahoon yahaan nahi toh vahi fursat se mulakaat hogi.

KHAMOSHI KA AALAM

Baat kal ki thi, mein yun Mausam jaisa udaas baitha tha, bahut baarish thi jism ke har hisse pe, aur sir par badaloon ka dhera, yeh kon sa Mausam aaya tha zindagi mein, jahaan har tarah koi umeed ka chiraag nazar na aaya, aaj kyun yeh baarish khamoshi ke aalam mein thi.

Par haan meri nigaah ne kamaal kar diya jo meine asmaan ko dekha, teer se nazar ne baadlon ko hata diya. Itni tez nazar ne suraj ko bhula liya. Yeh udaasi si baarish ne tham jaane ka naam liya. Mere jism se alag hone ka kaam kiya, padi jo jism pe ek kiran dhoop ki- khamoshi ka aalam na jaane kidhar gaya. Meri nigaah ne yeh kya kamaal kiya.

40

BAHUT YAAD AATE HO

Dekh lo in lamhon ne mujhe kahaan aake khada kiya. Kahin bahut dard hai duniya ke aur kahin gehre zakhm apnoon ke. Hum sahe jaate hai lekin kabhi kabhi haar jaate hai tab tab tum bahut yaad aate ho.

Koi saath hota, baat mein baat hoti haath mein haath, tab koi fikr kahaan hoti, hum girte tum sambhal lete, hum kamzoor padte tum himmat dete. Hum thake hoke haar jaate tum jeet banke phir se zinda karte, yehi kuch toh hum bhi chahte hai waqt se, dua mein, taqdeer pe, jab jab aisa aalam aata hai hum tumko bahut yaad karte hai, tum bahut yaad aate ho.

Yun koi kisi ki dastan sunte, jab jab koi apni mohabbat ke kisse sunata, hum muskurate hai, aise bhole banjaate hai, jaise koi baat nahi, haan mein haan milate hai, na se na kehte hai, humein nadaan kehte hai, hum be khabar hojate hai, tum bahut yaad aate ho, tumko yaad karte hai.

Ab bacha hi kya is umer mein akele bahut paar kardi hai, thodi saans, thodi dhadkan shayed abhi baki hai, tumse maanga tha faqat yeh saath zindagi ka, jab zindagi tanha lagti hai, akele mein jaan jaati hai yun asmaan pe nigaah jaati hai tum yaad aate ho, bahut yaad aate ho.

Mera ek sawaal hai, ki kyun yaad aate ho, door ho, beshumaar nafrat mein ho, toh kyun aise karte ho, Khushi mein kahin gham mein hi sahi, tum aate jaate rehte ho aisa kyun karte ho, tum bahut yaad aate ho.

41

CHALO KHAWAAB MEIN MILTE HAI

Mujhe yaqeeen nahi aaraha tum mere pass baithe ho, Allah! Mein kaise khud ko tasalli dilawoon, yeh kaise khawaab hai, jisko yaqeen kar pana mushkil hai, mujhe chou ke batav ki yeh tum hi ho, aaj agar nahi milte aap toh kabhi khawaab mein mulakaat hoti.

Aise nazar na hatav; dekhne do aaj mujhe, tum itne khubsurat lag rahe ho, chaand bhi apni Chandni pe rashq rakhta hoga, aur kyun na karein woh- us mein daag jo hai. Aaj hamari is mulakaat pe yeh kainaat bhi Khushi mana rahi hai, itne arse baad jo mile hai, milte nahi toh shayed kabhi khawaab mein hi milte.

Tumse door rehne ki saza toh leli mein par tumse pass hone ke ehsaas ka ajar milna abhi baqi hai, kaash ki koi samajh jaata ki phool ko kaante se judaa karne ki sazaa kitni mehengi hoti hai, jin pholoon ko khawaab mein aane ki ijazat bhi nahi milti, khuda ne kahaa hai har mushkil ke saath asaani hai, aaj hum mile hai warna khawaab mein hi mulakaat hoti.

Yahaan se le jaane aaya hoon mein tumhein kahin door kisi khawaab mein chodh kar, jahaan koi darr na ho, na koi khauff ho, saans lene mein pabandi na ho, koi aisa khawaab na jahaan sirf tum ho aur samne tumhare mein agar yehi sahi hai toh chalo khawaab mein milte hai.

42

BAHUT HI BADKISMAT HAI WOH

Kehte hai upper wale ne har kisi ko bahut hi khubsurat banaya hai, yeh alag baat hai koi samajh jaata hai koi nadaan rehta hai, magar jab tarashi howi cheez ko aur zayadah chamak milti hai toh woh kismat bann jaati hai, aur yeh kismat badkismat waloon ko nahi milti, isiliye toh woh bahut hi badkismat rahi unhein mein jo nahi mila.

Kismat ke bhi asool hote hai woh ek baar zaroor dastak dene aati hai, apne uper woh ilzaam nahi leti, bahut hi samjhdaar hai woh, tumhare pass aayi ek nahi kayi baar aayi, magar tum bahut hi badkismat niklein tumhein kismat nahi mili, mujh se aake kehne lagi dastak di thi meine par nadaan anjaan rahe palat ke wapas aayi ab bol kahaan jaana hai.

Muskuraya mein aur yehi kaha ae kismat ab tu azaad hai, tu tere raaste mein mere raaste, bahut hi badkismat the woh, aur mere haq mein kismat kaise aati.

Hum aaj bhi leyi baithe hai intizaar mein ki shayed woh kismat ghoom ke uski mehak leke ek baar hamare dar khabar leke aate, shayed koi purani dastaan duhraaye, kyun, isne badkismati se rishta joda hai, yun woh kismat wali naseeb se aaye the unke liye badkismati achi nahi.

Har koi khud mein raaz rakhta hai, agar sab mil jaye toh kaisa parda kaisi awargi aur kaisa dard bina matlab ki duniya- chalo us badkismat ke liye ek dua karein unki kismat ka darwaza khul jaaye aur woh, hamesha keliye hamare hojaye.

43

KABHI TOH JHOOT BOLTE

Bahut sard hai aaj ki raat, shayed bahar bahut barf hogi, yeh hawayein bhi bahut thandi hai, koi toh baat hogi, mein kehna chahta hoon tum se tumhari batein, bahut si batein hai par kya karoon tum sunte hi nahi, tum bhi kaha karo bahut se jhoot apne hum haan mein haan milate jayege, kabhi toh koi jhoot bola karein humse.

Aaj aalam bhi ajeeb hai, yeh har taraf kon se baadal chaye hai, kuch toh naam dein inko yeh hamari zindagi jaisi hai, galat kahaa meine yeh meri zindagi jaisi hai, tum toh khush ho mehfil mein jaise, poochte hai tumse koi toh jhoot bolo humse, hum haan mein haan milate aur aise hi bas guzaar deta.

Tumhare lafz bee-parwah, idhar udhar jaa rahe hai, tum inko thoda sa thaam lo, in pe zara se haq rakh lo, yeh tumhara saath nahi de rahe hai, tum kyun pagalpan kar rahe ho, inko bhi sayed tumpe aitbaar nahi tum toh bhi keh rahe hai tum humse jhoot bola karo hum haan mein haan milate jayenge, hum tumpe aitbaar karte jayenge.

Yeh sard raat bhi ek din badal jayegi, yeh andhera bhi Roshni mein tabdeel hoga, yeh takleef bhi rahat degi ek din, umeed se kayam bhi yeh duniya ke khawaab bhi, tum nahi kehna jo tumne kabhi kaha nahi hum kabhi nahi poochenge who jo kabhi tumko kehna tha. Tumhare jhoot se aadat bani hai, tum kaha karo tumhare jhoot hum haan mein haan milate jayenge itna bas khud ko yaqeen dilaya jo tum kehte ho who sab such hai takleef isse ab hoti nahi, kabhi toh koi jhoot kaha karo.

44

AAJ BAHUT MANN KAR RAHA HAI

Safar bahut hi seedha saaf raha, sab kuch dekh ke bhi nazar andaz kiya, zehn mein ek hi baat thi bus seedhe chalo, aajkal seedhe chalte chalte bahut door tak aagaye hum, yahaan ab kuch nazar nahi aaraha, sirf mein aur mein isiliye aaj bahut mann kar raha hai ki kuch likhon, kuch ander ke lafz bahar ladoon kuch likhon.

zindagi na lambhi hai aur na hi muktasar jo waqt mil raha hai, bahut hi meherbaani, kal ko kiski khabar, aaj ki baat bahut Mubarak, mann kar raha hai sara toofan abhi likdon lekin yeh bhi kya ki kuch raaz rehne hi do, hona chahiye kuch jo, apne saath saath dafan hojaye, aaj bahut mann kar raha hai ki kuch aise raaz likh doon.

Sitam bahut hai zamane mein jiss taraf bhi dekho, mein zamane ke gham dekh kar khud ke bhool jaata hoon, phir thoda sa muskurata hoon, soch! Aisi hi aati hai ki chalein yehi sahi, sab theek hoga, yeh aarzi si zindagi kabhi hasna kabhi roona, aise hi nikal jayegi, kon kise yaad Rekhta hai, kabhi garz to kahin bee-garz, sab guzar jaayega, isiliye aaj bahut mann kar raha hai kuch likhne ka.

Ek duniya aur hai jo bahut hi taveel hai, wahaan na sitam, na dukh, na dard hai, na koi kisi ka na kisi ke hum, bahut hi pyaari duniya hai, wahan maidaan hai, ek bada maidaan, hum vahi milenge, wahaan sab ander ke toofan hum bolenge, sahe howe sitam aur har ek raaz kholenge, aaj bahut mann kar raha wahaan sab kuch likhenge, bahut mann kar raha hai.

45

MOHABBAT ADHURI REH GAYI

Kuch qisse kuch hisse zindagi mein adhure rehte hai, koi dastan koi kahaani mukammal nahi hoti, kuch rishte kuch naate yahaan nahi toh vahi jode jaate hai, aisa hi ek qissa tha kisi ki zindagi ka hissa tha who uski mohabbat adhuri reh gayi.

Guloon ka chaman tha ek khusbudaar phool ne apne hi jaisi koi ho ba ho dekh li, use na jaane kya hua tha yun yeh toh abhi abhi mausum mein bahaar mein khila tha, saath saath aa baitha tha uske subah ka aghaz saath shaam ka andhera saath saath. Yeh inhein hua kya tha nahi samjhe the dono. Bahut waqt guzra mausum bahaar, khazaan aur sardi bhi guzar di par sabar ke saath saath yaqeen mein badal gaya par ishara tha ki mohabbat adhuri reh gai samajh nahi paaya tha.

Ek baaz kambakht ne dono ko kat diya ek ko alag dosre si kiya, bahut rooya tha asmaan us din par zalim ne zara sab hi raham nahi kiya. Kisi ko kahin bheja aur dosre ko kisi aur ke hawale kiya, kayi saal guzar jaane ke baad yeh dono phir se mile kisi ne kisi ko kaise milaya yeh qudrat bhi nahi samjhi thi samajh aaya tha ab shayed mukammal hogi yeh dastan lekin reh gayi thi adhuri vahi shuru kahaani phir howi bechari ki mohabbat adhuri reh gayi.

Us phool ke hisse mein koi aur aaya tha aur yeh Bechara vahi umeed mein wapas chala gaya, peeche mudd ke uff tak bhi nahi kiya itna dard seene mein kyun leke gaya, is ke bhi guldaste mein bahut mile the lekin ankhein jukake hamesha raha, who pehli nazar yaad karke is ne umer sari guzar di yun isne apni mohabbat adhuri dekh li.

Qudrat ne isse kya batata yeh Bechara kahaan kuch samajh paaya khud ki kahaani ko duhraya aur ek gehre se paani mein khud ko dal diya. Isse khabar na thi ki paani se iski rooh taazi hojati par iski rangat nikhaar kuch zard thi, us phool ko yaad karte karte is phool ki jaan nikal gayi.

Is phool ki kahaani adhuri reh gayi is ke hisse ki zindagni bahut kam howi, jaane is jahaan mein yeh mohabbatein adhuri kyun rehti hai. Ya shayed is ka anjaam vahi poora hone ko hota hai. Is ki kahaani aur hai lekin guldaste mein rehke isne apni ek aur zindagi bana dali, is paani ne isko bahut taaza kiya ab is phool ne bahut rang diye isko dekhne kahin namayishein lagi isko paane keliye kayi jungein howe, yeh bhi kamaal kar gaya akela raha aur qudrat se intikaam liya ab kisi ki inti takat kahan ki isse mile iske baat karein yeh kahaani ab qayamat tak rahi mohabbat adhuri reh gayi par kahaani poori kar di.

46

KYA SIKHA GAYE WOH

Meine kahin padha tha hamari zindagi mein har shaks kisi na kisi bahane se aata hai humein kuch sikhane ya kahin lejane keliye, who bhi aaye the mujhe sikhane ki sahi aur galat kya hota hai, apne aur gair kon hote hai, tadap aur aaraam kya hota hai, junoon aur jazba kya hota hai, who aaye the aur bahut kuch sikha ke chale gaye.

Mein duniya ki sazishoon se pora bekhabar tha, mujhe lagta hai sab masoom hai lekin aisa nahi tha, who sikha gaye ki is duniay mein teen tarah ke log hai ek jo bahut hi bure hote hai mehz apna sochte hai aur apne kaam se kaam matlab rakhte hai. Dosre who jo khud ke saath saath dosron ko bhi chalate hai, jo khud keliye sochte hai vahi dosron keliye pasand karte hai, jinke soch mein pakizgi hoti hai aur ek who log hote hai jo bahut hi zayadah ache hote hai magar unki bandishein unko gair leti hai na who khud keliye kuch kar pate hai na dosron keliye, tabhi samajh aaya humein kis dairein mein rehna hai who jaate jaate bahut kuch sikha gaye.

Who kehte rehte the ki duniya ek toofan hai is mein bahut sari lehrein aati hai kuch khud ke apnon se toh kuch gairon se hum kaise is toofan ka samna karnge yeh hamara hunar aur sabr hai, who sikha gaye ki humein sab ko saath leke chalna hai khud ki Khushi ki qurbani deke apnon ke keliye khade rehna hai jaate jaate owh bahut kuch sikha gaye.

Uske saath saath rehke humein zindagi seekhna ka wh hunar aagaya jisse hum bezaar the, har mod pe humein tarah tarah ke log milenge hum unse kaise raabta rakhein yeh hunar sikah gaye who, who kehte the zindagi asaan nahi hai, isse asaan banana hai chehre pe muskurahat rakh ke ghamon ko chupa ke. Who bahut kuch sikha gaye.

Humne unse yehi sekha ki kuch armaan dil mein rehne do, kuch jazbaat dil mein dafan kar do, bolo toh mehz chand lafz aur apne kaam se kaam karte raho. Kisi ka haath bathana hai toh use khabar bhi na ho, kisi ke liye dua karo toh qabool bhi ho aur pata bhi na chalein. Who bahut hi bure the humein sikha ke khud chale gaye aisa bhi koi karta hai kya.

Jaate jaate who zindagi ka samaan sikha chale gaye.

47

CHALE AANA KABHI KISI BAHANE SE

Aaj bahot mahino baad tumhari tasveer dekhi, soch raha tha ki is shaks ko kahin dekha hai, phir yaad aaya yeh toh humari Mehboob hua karti thi thodi si hassi aayi aur ankh halki si nam hui, yaad aaya ki tum vahi ho jisse din mein chaar paanch baar baate hua karti thi, kam se kam do dafa toh tumhein dekhna hota tha, yaad hai agar ek ghante mein koi pegham nahi aata tha toh kitna ghabra jaate the hum dono. Ab yeh kya ki tum yaad bhi nahi aisa kya kiya tumne, kabhi chale aana kisi bahane se toh baate karte hai.

Aaj bahot arse baad yaad aaya ki ek shaks hua karta tha jisse apni takleef, Khushi, gham aur din ki thakaan baant liya karte the, ab thak bhi jaate hai par lagta hi nahi ki yeh thakawat takleef deh hai, aadat hogayi hai ab is iziyat mein, tum baat karte the toh kuch aur yaad kahaan rehta tha ab baat kya hoti hai yaad bhi nahi, kabhi chale aana kisi bahane se baith ke baat karte hai.

Aaj yeh bhi yaad aaya ki tumhara haal kya hoga, kya tum bhi meri tasveer dekh ke kuch gumaan mein late ho, kya mujhe dekh ke tumhari halki si muskurahat aur shayed ankh nam hua karti hogi. Kya tum bhi mujhe kabhi kabhi yaad karte hoge, aisa hai toh phir kyun nahi aate ho, kisi bahane se tum chale aaona baith k ek doosre ko dekh lenge, kuch pichli yaade taaza karte hai, kuch doori keg ham baant lenge.

Aaj yaad aaya ki tum din bhar thak ke kya kabhi thakaan mehsoos karte hoge, kya tum bhi chup chaap saare gham seh lete ho, kyun kabhi kuch nahi baant lete tum, tumhein kehna bahut hota tha apni din bhar ki batein aaj kisse kehte rehte ho, koi nahi hai tumare pass toh aisa karna chale aana kabhi kisi bahane se apni Khushi aur thakaan ki batein karne .

Mera pata toh hoga tumhare pass, nahi toh dil ka raasta ekhtiyaar karna, who seedhe mere pass laa khada kar dega, haan mein kyun nahi aaraha tumhare pass yeh sawaal tumhara wajib hai, kabhi who tumse wadaa kiya tha ki tumhare shehar yeh meri akhri raat hai. Yaad toh hoga na lekin mein bhi chala aaonga kabhi kisi bahane se, tum hoge na wahaan.

BOOK OF INTELLIGENCE

48

IT IS TRENDING.

Even with other sects where marriage was a sacrament, it has turned into a fragile contract unless the bride comes with some curing ceremonies for the ills and/or shortcomings inherent in her new home. The only functional traits desired from the prospective couple were ethical soundness and nuptial loyalty are now almost undesirable. A new "arroyo" carved by fake promises on both sides awaits the next flood to dismantle its temporary outline. Is it borrowed from the film world where single parenting is trending or this too is a freakish imitation of the West?

There are now abundant cases of newlywed women who are shouldered with the responsibilities of babies born of legitimate wedlock. These unfortunate mothers find themselves in a situation where they can neither return to their parents nor their in-laws. So, they are compelled to learn the rhythms of the undeserved pain inflicted upon them just because "it is trending". The institution of marriage has been trivialized so much that it is now quite like a broomstick horse being ragged underneath the legs of a Borat who discards it anytime at his sweet will.

One hurts inside with anger. It can not be only one gender responsible for bringing a marital institution on top of a volcanic peak. Either can be responsible. One lady was heard wishing for parthenogenetic births even among humans.

So, who knows what will be trending next?

49

BOD BUBB NOT BUDD BUBB

Even when an old tree in your compound scrapes its branches against the window of your room on a windy night, you feel it as a treat. Similarly, the grandparents may be squinting their eyes in concentration on welfare for their grandchildren, yet people around may conclude that they have closed them. It is not for nothing that these grandchildren run after their grandparents, grab their clothes, and hug them. It is these grandparents who give them company, meet all their demands, and soothe them with harmless lies till their working parents return. Now, English people have very wisely prefixed "grand" with the root word "parent" and thus added much grace and importance, at least, in naming them. And our wise men in Kashmir had beautifully coined "Bud Bubb" or "Dedd" for them. With time the word was corrupted into "Budd" which carries its connotation of aged, senile, non-functional etc, and "Dedd" too has lost the primitive lustre. It is used today to travesty someone for his/her laziness.

One can wish that "Budd" is again given its original graceful status of "Bod" both by pronunciation and application.

50

PISCES GAL

This is the season--chilly cold, but she is there with the age-old familiar gaze, with two tubes in front of her, full of fish but of different sizes and species. She lures you to stop and order the weight. And she adds to it free of charge. with two strokes the fish is dead; she scrapes the scales, guts it, and cuts it into pieces. She despatches you with a smile and advice on the recipe, again free of charge.

You move away, and the world moves on. But she is there in her traditional dress on the pavement of that old, old bridge. All has changed, all is changing---culture as well as a language but SHE is there: same spot, same gear, and the same person with a tube, fish, and old knife---our familiar fisherwoman.

51

"KUNWAY KI MEINDAK"

This is used for one who is narrow-minded, carries a stick-in-the-mud attitude, is reluctant to be influenced by some positivity, in short one who is not exposed to the outside world. This parable of the frog has been in use for a long time, and in various situations almost everywhere.

The frog in the well can't see beyond the walls of that well, and therefore remains satisfied that nothing exists beyond its well. There are so many frogs in such wells with such attitude.

Now, what is implied is that the frog in this well needs to be brought out and exposed to other wells and frogs so that an expansion and extension is granted to its world and its perspective.

52

"AEK TCHAET SIM, SAAS GYE KOLI"

Thamud was a tribal confideration and successors of Aad who was destroyed by Allah for Dior's sins.

Thamud was a mighty polytheistic race. Hazrat Salih (AS) was their prophet. He preached that only one Allah be worshipped.

Now, the people were asked to take water on a fixed turn as well as a female camel whom they had to protect.

Now, one Qadaar bin Saalif lived among them. He committed transgression by amputating that specific camel, thus earning the title of the Chief of the Wretched.

However, others too were destroyed along with him because his actions had their nod.

"Aek tchaet sim, saas gye koli".

53

EACH ERA HAS ITS OWN STYLE.

Nostalgia to an extent may be bearable but beyond that it becomes undesirable. At times one wonders at the cultural nostalgia. Can today's parents approve of their son being made to sit on a wicker basket with a cock under it for the barber to have him circumcised, or a woman searching for a tree under which to bury her newborn's umbilical cord? Never!

Similarly, one can quote many situations where one can not choose one's past and enjoy it. Nonetheless, despite tremendous advancement in medical science, one sees people thronging to an exorcist to have their loved ones thrashed mercilessly, a physician bypassed in favor of Quack.

Is it then that the past has a way of surrounding everything with a romantic halo?

54

HUMILITY-A UNIQUE ASPECT

A Muslim for them was inauspicious. When Khaqan Khan, Halaqu Khan's son and prince, was on a hunting trip, an Islamic cleric faced him. Who is better, you or my dog? asked the Prince.

"If I die faithful, then me, if not then your dog is better than me," was this Cleric's humble reply.

The Prince liked his way of saying it and offered his audience to him if and when he became king.

The Cleric was dying and somehow felt that he remained a faithful servant of Allah.

He bequeathed to his son that soon after his funeral is over, the son must proceed to the Prince to tell him that his father was better than the Prince's dog. Khaqan had meanwhile become the King.

His lackeys disallowed his entry but somehow, he obtained the King's audience. When the king in the presence of his courtiers heard it, he bowed down his head in contemplation, and when he raised it, he told all dore to convert to Islam. Present Turks are the progeny of those Mongols.

One man of character, and what an amazing influence!

SubhanAllah!

55

GONE ARE THE TIMES

For our ancestors' value answered everything; for us, money answers everything. Self, darling self is now the idol of worship.

Propriety is conformity to conventionally accepted standards of behaviour. Or else they are a sort of leading strings which till the recent past were accepted all one's lifetime. But nowadays a gaudy tinsel which is commonly called pleasure, allures one in the ways of imprudence. Once upon these paths, it is difficult to overcome so many obstacles that prevent the erring person from returning to the path of rectitude.

Actually, it is the sense of remorse that has either vanished or weakened, and then there is a broad network of one's betrayers. Elderly approbation or censure does not matter now. When the fortitude that is nurtured by religion and virtue is lacking, one grows too weak to resist the impulse of inclination. Ah! Gone are the times when the displeasure of the old was the uneasiness of the young. Gone are the times when it was hard to elude vigilance.

56

WHAT A LESSON OF MODESTY/DECENCY!

Hazrat Musa (AS) volunteers to make it possible for waiting girls to let their herd drink water when so many are waiting along with their respective herds.

The girls return to their father, Hazrat Shuaib (AS), and mention the young man's courtesy, along with the recommendation that their father may keep him in his employment. When one girl returns to call Hazrat Musa (AS), the latter goes ahead of the girl so that he does not see her, and that she may throw a pebble from behind in the right direction instead of saying a word for it. Hence keeps both the girl's body as well as her voice unseen and unheard.

And then what an offer from their father! "Choose whoever you like of the duo as your spouse. "

And then Alama Iqbal's conclusion:

"agar koi Shoaib aaye myasr

Shabaani say Qaleemi tho qadm hai"

57

OUCH! THIS TRAIN OF THOUGHT AND MEMORIES!

Relocation has been trending for quite some time.

When one gives it a thought, one loses sleep? And how boring it is to spend some insomniac hours when others must be enjoying their dreams!

One wonders why so much relocation. Is it the boredom, dissenting neighborhood, or changefulness that must be compelling one to move away from one's beloved surroundings?

One muses if it is the snoring intellectuals or the disgruntled youngsters that must be responsible. Is it the same with swallows, hopes, magpies, etc? But how can one chat with them and know? Only they could tell justly its merits and demerits. Humans usually sugarcoat their intentions. But at the same time, their case is different because they revisit their earlier places periodically.

58

IMPRACTICAL FUTURE

Should it be brushed off as a vestigial occurrence when one watches frequent exhalation of giant puffs of rejection of one sect by the other? or do followers need to seek some viable support to remain clinging to the basics of their faith?

Some are inclined to think that they (the followers) need to be proactively oriented if the present slippery slope continues to show itself. Yesteryear two guys lit their two cigarettes with one matchstick and it was friendship but today it is more often than not a spectacle of addiction;

yesteryear's forgotten wrapping on the road when ripped reveals some eatables, today it may show some contraband substance;

yesteryear's decade-old beard conveyed piety but today a one-day-old stubble is trending;

yesteryear's chance meeting between a boy and a girl with a focus on material etc but they may be a casanova and a femme fatale on social media;

yesteryear's mounds were used by the grown-ups for the exchange of gossip, but today lads and occasionally lasses are seen in groups in a whirl of smoky rings, tapping their cigarettes to flick ash on some improvised ashtray; the scenario depicts either an obsession with some impractical future or a rebellion against the practical present. does society turn a madhouse hard to manage with each passing year? Our religious scholars need to focus on the spirit of the age and its challenges as well.

59

DOOMSDAY

When the priest pawhens the holy vessels of his temple, when the preacher is hit by his disciples, when the nobleman dances in agony on the street, when the duke deceives the domain, when the devotee defiles the sacred word, when the nurse snuffs and the surgeon smokers over the patient in the operation theatre, when the merit is acquired by disobedience, when the police carry away with the robbers have spared, when the healed employ their strength for the spread of a disease, when one's boat of soul swims upon the waters of illusion, when freedom is sought to go in bondage to the revelery of life, when dervish, fed upon plunder,is made to click his rosary on its Thanksgiving, when one is angered by with one shud have been grateful for, when one his learned to love but decides to hate, when one wearies himself in pursuit of an order which proves disorderly at the end of its search, when the king comes between a priest and his prayers, when young folk give up tending their betters, when the jeweller polishes his jewels to be presented to the prince who prepares himself to present them to a prostitute, when the usual moans and groans of the ruled ring melody to the ruler, then it asks either for a Revolution or doomsday.

60

LAYERS OF JOY

One must be free to respond to one's life. Then, it may be possible for him or her to assess whether or not he/she is hooked to others' dicta. do find some time to draw up a kind of balance -sheet of joys, if not on a daily basis, weekly basis, or even monthly basis let it be on a yearly basis at least, and enumerate some joyful moments. It is certain that they will be those when one thinks or does something for others because it is in the human make-up to exist for fellow beings. Of humans those who deviate from this purpose will feel emptiness, desolation, and spiritual poverty. This is why today's self-centered man escapes into the past to cite the examples of satisfaction and contentment. because our ancestors did not make favourites of their neighbours when a community meal was prepared and served. All received the same ladleful portion without exploring the bottom of the what for some or skimming it from the top for others.

61

AN EYE

When human existence descends to the level of animal life, people think of two things only: how to evade a possible dread and how to get food.

With a formula for ascending from sub-human existence to human life: "kaazimeenal ghaiz" and "aafeena anen naas ": control your anger and forgive people.

When these two characteristics or developed and nourished, there will be a formation of "no foes, all friends".

And after that, it is good to be humble, not to be conspicuous because it too is not approvable that one counts upon one's household, dynastic or some status-related tag.

That is why there is" innAllaha yuhibul muhsineen"--- Allah loves those who do beneficent deeds.

This characteristic broadens our vision and our scope of life.

Otherwise we may turn gaunt skeletons whereupon rags are hanging. As muscle makes the body, mission makes the man. Granted we are playthings of Fate, granted it is Nature's ruse to obtain the last bit of work forum the dying. But let these last bits be life-giving support to others.

62

A LIGHT

when you feel akin to a thing, it is attraction; when to a person, it is liking; when this liking deepens, it turns into love; when this love becomes intense, it is adoration; when this adoration crosses limits, you idolize the person or a particular aspect of the person's personality. Hatim Tai's generosity has been idolized, similarly the justice of Nausher vani Adil and the romance between Laila and Qais. With about the multifaceted personality of one whose reverenced spouse was threading a needle in a late evening, which slipped from her hand and lost. She was groping for it when in the meantime her beloved husband entered the room. And lo! The light emanating from his radiant face made the needle visible!

63

DO AGREE

"Khud say tou mein manoos hu un ki bhi thodi khaber hai

Meray liye yeh kasor hai un ke liye woh hashr hai?"

It is said that there is a willa willa will to meaning, will to pleasure, and will to power. Will to pleasure is aimed at a happy state of being, will to power at superiority, and will to meaning at perfection. Those with the will to pleasure strive for a lot of money and comfort and those who or with the will to power or after rank, status position, etc. But will to meaning makes one follow some ideals and values for their when sake no matter whether it is a choice of life or death. Most often it is observed that one with a broken behaviour in the past chooses to fake the will to meaning at the fragile end of their life. It is hard to decide if it is a defence mechanism, a sublimation technique, or a camouflage of hidden inner conflicts. How strange that they champion pseudo-values without choosing to unmask themselves and mend the amendable or right the wrongs.

If one has reached the forest of reality in life, why alien to the trees of images and symbols?

Isn't one burying one's guilt under the tranquilizing drugs thus?

64

AGREE

When the time is uncertain and your day does not offer you hope, your night can't be serene either. Whenever a truck rumbles somewhere away from your bedroom, or the curtains of your window flutter due to a soft breeze, you misread the condition and level your attention toward some expected fear. your brain's activity slows down in speed. you lose the passion for a sound sleep or the expectation of a hopeful morrow. you stand and enter your child's room and envy his good night's sleep. you wish it were not a drugged sleep; you wish he had grown to live a clean and trim version of life. Somehow your wakeful night passes; you stagger into the dull routine of things. You try to focus but you are unable to. You just fool your nerves with frequent cups of tea. Honestly admitting, there is no pith in the style of your life or its moment. You feel sorry for your being because it is not relevant. With tho you read the forum holy Quran in unarabic Arabic? With though you have changed from stubble to a flowing beard? After all, it is God's work to be done on God's earth by man.

STRUCUTRED FLAMES

How ironic it sounds if some puking drunkard assures some lost kid on some highway of some city? Nobody will take him seriously and obviously not the kid.

Similarly, by denouncing a Prophet nobody can downplay the importance of a Religion. What hurts is that as long as there is a laceration in one's mind, their healing hand does not suit their body. And the lurking danger is in the flames lit by one with an ill intention. Simply glaring at the glowing fire will not induce mercy into the flames. Either we must seek the means to douse the flames or be ready to mourn the charred structure. Followers of various religions have been there, are there and will be there as long as there is belief in Heaven and Hell. Either one will be lured by one or frightened by the other. But at the same time, there must be a strong deterrent against insulting a religious sentiment. why should one be allowed to build one's political career by playing with other's religious beliefs? The Love for Prophet Muhammad (SAW) is one of the fundamentals of Islam and there is a vast majority of its followers all over the world and a palpable population in India.

66

POINTLESS STORIES

Is bazm mein mujhay nahi banti hua kiye

Betha raha agrchi zhaaray hua kiye.

It is easier to eat without false teeth. But ah! The abbreviated version!

Some people open pawnshops, turn pawnbrokers and the gullible assortment of people try to clutch the shimmer, follow its outline, and enter into a bond of friendship, relation, etc. One wonders should a virtual tete-a-tete which is shorn of sentiment or at least the verifiable aspect of it succeeds in putting a price on mere words. How can one presume that it is a rosy smile not a toothless grin on the other side?

Repentance may be manageable if it is in ripples but if it comes in waves.........?

It is better not to ride the liberal tides. Life is a series of strange and seemingly pointless stories. Meaning is derived from the relationship of story, story-teller, and listener, but by far the hardest task is that of the listener.

67

LONG-LIVING TREES MUST HAVE STRONG ROOTS.

Some or blest with a sudden high rise and oblivious to their roots, past, and surroundings they get intoxicated. They begin to feel various imaginary tugs on their sleeve. Never sensing that God makes some strange choices at times in order to test the "haves" for their moderate cool and the "have-nots" for their constant patience.

Counting upon their giant shadows, the upstarts like the drunken men babble their brag but before listeners could pull the shade up, many are taken in by their fake persona and are subjected to sourness. So, when you watch someone ambling across the street, don't be quick to burn incense for their reception lest you complain about a poor day later.

68

CLEAN UP YOUR MIRROR AS FREQUENTLY AS POSSIBLE.

It happens sometimes that one picks the perfect day of a week, or the perfect moment of a day, or the perfect expression of a conversation and then builds up one's dreams or illusions upon it. Otherwise, it is mostly mundane and routine with one. One can't be a literateur in one's daily conversation. But one comes across people who pick up inconsistencies in people's statements and weave yarns ludicrous beyond the limit. And what happens is that people make a mental note of your trivial and chancy remarks, keep their memory alive, and dig lanes of alienation from you.

Therefore, one must be aware that the fake impression about others does not haunt one. It may be advisable to shed it as soon as it appears.

69

LIFE CAN BE PLEASANT WITHIN THESE GOLDEN PRINCIPLES:

1: read selectively;

2: speak briefly;

3: deliberate deeply;

4: fight courageously;

5: serve devotedly;

6: pray lovingly;

7: listen attentively;

AND

8: argue logically.

70

MALIGNANT PLEASURE

When either reaches the stage of "ne plus ultra---no more beyond",

the man who has always thrived on mischief but is now crippled and unable to feed the deadly fruit, allures his apprentices who have been nourished under his own eye, to continue with planting the art of malice, hate, spite, and bitterness to sustain his wonted economy;

the snake too old to inject venom into innocent bodies and thus brooding in its nest, alluring its hatchlings, neonates, and snakelets to roam and bite liberally, thus planning the continuity of its wonted commerce. And both draw a malignant pleasure out of this process.

71

MINDSMELLS

If you have wicked inclinations, if you have failed to answer your obligations--yes, it is a matter of concern. But if you have repeated resolutions--there is hope. That implies you have a conscience. And what is conscience? It is a principle natural to good men. It gives an apprehension of right and wrong and suggests to the mind the relation that there is between right and wrong, and retribution.

Just look at the flower there, with lovely manners. It lies on the ground---humbleness (inkisaari);

it opens its bosom to receive the pleasant beams of the sun's glory---receptivity (qabooliyat):

it rejoices in a calm rapture---gratitude (tashakur);

it diffuses around a sweet fragrance---benevolence (ihsaan).

72

MOTHER'S WAIL

I suckled him, washed him, clothed him with my homespun cloth. I kissed my pride and he smelled of fragrance. They said he grew up with a feeble brain. After all, there is the Society. Critics within judge him. So, he must be exposed to public view. I feared that his tomorrow might not buy me a blush.

I desired he must be called a citizen, not a mischievous brat. Hence, they snatched him and I yielded. He heard from the pulpit, he heard from the teacher.

Now he has returned since. But his visage is irksome, his gait is hobbling, he smells cranberries, his errors have increased, and his blemishes are not amended.

Believe me I repent why did I send him out of the door; I repent why did i agree to untie the knot that had made us--he and me--one.

73

THERE IS THE LAW OF NATURE.

Might and arrogance dictate one's dealings. A son starves a father, a brother robes a brother of his share of the property, and a boy kills an innocent bird. It can be put in the ambit of "mashyat"-the will of God;

there is the law of grace. Mercy and justice dictate one's dealings. A son feeds and cares for a father, a brother encourages a brother with a loving pat-a word of love, and a boy pets a bird. It can be put in the ambit of " Raisa"-- Approval of God.

74

"A TRUE MAN BELONGS TO NO OTHER TIME OR PLACE, BUT IS THE CENTRE OF THINGS".

You have to take a walk within others willy-nilly. What is required is a quieting draught. Who is to be released from whose thraldom? Should present civilisation yield to primeval wilderness, changeful change to earlier fixtures of order, legal right to natural right?

Then, woods belonged to the beasts and the alarmed flocks of birthes rested there. It was either convenience or necessity that induced you to stay where you are. Now who is he to hold a pair of tongs in his hands and sift the 'loved' one from the 'unloved' one? Why should someone be allowed to purchase their personal pleasure at the price of others' misery?

Can't we transpose someone's line to say: they with Hinduism to the majority and philanthropy toward the minority--the fellowmen -- in Hindustan, and take a walk, each with the other?

75

TRENDS

Every goose is a swan till the latter reaches in one's possession. This is precisely happening to various forms of culture that have evolved over the past centuries and are held in esteem. Unfortunately, a new spirit of infidelity has evolved of late against them. Even the enlightened class has developed prejudices of sorts and thus a rupture is being developed. Things are deliberately put in askew. Someone's culture is somewhat disapproved by someone else. Nobility of sentiment is whittling down when. The baseness of collective responsibility is decked out in false colours. And it is a baffling trend. After all, who likes then so many current kings, queens, presidents and premiers of various countries even today in their accustomed but for us queer attire? Should they change it because it does not please us?

Western superiority in terms of nuclear, economic, and political powers may be advanced but is their culture being propounded in eastern ways of life? Disgusting!

We have been living and will live with the bounty of our owhen culture.

76

AH! CAUGHT IN A VORTEX.

If we believe Ambrose Bierce, peace is a period of cheating between two periods of fighting. In a way it implies that on either end of peace is fighting. And when this fight is on, the old villainous dictum is there to guide the interested that all is fair in love and war. Well, the manifestation of fighting has been there, both here and elsewhere but with irks one is its rapid periodicity. When the hot iron is on the anvil and the blacksmith is ready with his hammer, stroke becomes inevitable. Someone must be chafing under a long restraint and longing to hear: Ready! ------Aim! -------Fire!

When we can't be one in everything, can't we live on by being one in something? And can't that something be religious tolerance?

77

SNOW LASTS LONGER

"Sheen pevaan pendev pendev

Vath teli rindev hovur gatchh".

The snow is tumbling. So, better beyond than around.

It is said that al-Biruni, the famous mathematician, historian, astronomer, geographer was on his death-bed. His disciple had come to him. The teacher desired to discuss some problem with his disciple who in a way objected citing the teacher's last moments. But the great man replied: isn't it better to die with the solution of a problem than without one? The two found out. When the disciple left him and reached the gate, a call came forum behind that his teacher was no more.

Similarly, when Alama Iqbal (RA) once found his teacher Mathew Arnold preparing for his class, he asked him surprisingly: you too?

The great teacher replied that he always wanted to give something new and special to his students.

Covid with all its variants has confined everyone everywhere.

Can't one become a local colorist and add to the improvement and beautification of one's locality by imagining, thinking and doing better for it? "Vocal for local" can engage one in these boring times.

So better look around rather than beyond. People may hide their ostorich-like heads they may fly away swallow-like. But the third option and a better one is to face it man-like. They say it is alwtheys a moon in America. So, shouldn't it be in Kashmir?

78

ALAS! THIS 50--50!

Any sane man within tells you that Allah may pinch you to check if you or sabr. So despite being on the right path with the right behaviour one may have an unwelcome encounter. Then one turns tranquilly to Him with a chastened attitude to seek and draw a certain sustenance through some form of worship or a sacred ritual. One directs one's total regard towards a pious code. One begins to feign an enthusiasm for virtuous deeds. The moment proportion is returned to one's matters, the rhythm turns different. One relapses into the earlier lavish times with a code of one's owhen. And then all is fun in the frenzy of one's activity in a new chain of crazy years.

79

WINTER AND WINTRY WAYS!

the sky grey outside, the stars hiding, failed electricity in the evening, the biting cold gathering all in one room. to siblings impersonating the elders. the sister turns mother and asks: "You summer it by tramping the streets and winter it on your mobile phone." But how long should it go like this?

the brother pillows his head into her lap and answers: as long as the worn cloth holds the patches.

The inmates gave themselves to reflection. Silence resurged. And the devastating disorientation forced the dinner away.

One can only deduce that there is a vital bond between self and shadow.

80

IF IT IS AROUND YOU ANY LONGER?

I'm not in favour of a diminished status yet if we think a while we may conclude that a fluid state of affairs can allow a large majority to form a style of response to stimuli by trial and error. When a life-skill is scooped from a ready heap, the receiver may become in a way involuted, handicapped and retarded. If one faces the season of one's soil one's when way, one may ripen in experience which is ultimately the ground conductor of everything. Why allow oneself a deceptive response at the hands of obstructionists who make one pay attention to things in their when imagined way?

81

NATURE AND NATURE

Homogeneous subcultures and affluent individualisome are to curses today's men live with. Both are contributing to his alienation and eventual social disintegration. A tolerant nature and a generous nature can combat both. The ideal thing will be:

each grows to know the other;

each throws his arms around the other;

each links his moments with other's days;

each tries to unite the separated paths.

How long this individual orgy?

How long this self-imposed exile?

Can't fragments join to become the old solid body?

82

SELF STATION

A station in life may be such that an individual, a society, or a nation begins to exaggerate its heroic ego, and thus knowingly enjoys confronting the sublime. Then a stage comes that this coercive or growing SELF spins disproportion and begins to court excess in all matters. All others begin to mock this heightened sense of SELF, which causes the individual, the society, or the nation an awkwardness among others. But the SELF is never worried about the worrisome aspect.

"Mittadey apni hasti ko agarr kuch martaba chaahiye

Ki daana khaak mein mil karr gul-o- gulzaar hota hai".

CROWS RIGHT, CROWS LEFT?

And their monotonous cawing?

Why should their black flock shade from the blue sky?

And below on grey earth then of the blacksmiths, beating the unmalleable metal into handcuffs and fetters with their hammers?

Protest, protest, and protest all around?

The newlywed wife flatters her newborn with an empty milk bottle, in wait for her beloved husband who lies sprawling outside on the road, spilling his blood and the precious milk. When will it decide upon its options, whether to suck from mother's dairy nipple or the ball of her thumb to grow big?

ARE HIPPOCRENE AND AGANIPPE'S THEORIES NOW OR ARE THE MUSES DEAD?

Science has been soaring higher and higher and serving wider and wider, implying that man's imagination is vastly enriched and enriching, yet we may admit that the area our antiquity prided on continues to be foraged into, scooped from by those who are attached with the mushroom of literary clubs here and there week in week out. Inventions and innovations are mushrooming but no literatus or genre is born. What happened to the earlier cosmic intellect? Why don't paper and pen mate to create a glorious present in the field of art and literature? How long floating on the wave? How long is this fragging and theft? How long is the overwhelming inferiority?

85

IF WE WASH THE GUM FROM OUR EYES...

we can easily acknowledge that there or mostly duplicates around us. They or there yet don't belong to us yet. Myriads of manikins--manikins because of their insignificance. Satisfied with the chaff while wheat goes to the supremes. Theirs is named a city and they are the citizens yet all of them try tofor/7 to grab any and every means to feed the greed of their bellies. None has the time to heed the heart and intellect. And at every halt there or vexers who hoot them away, away and away from with is reason, with is emotion, with is life. Their sermons or framed to regulate their hypnotized brains. They can't go and they are not allowed to go beyond their bound book of routine.

86

ONE`S LIFE

When one discovers oneself with the help of mistakes one makes in life, one is inclined to retreat from people and instead one wants to lie in silence and wait for some sudden cry from nowhere: "Lo! you or exonerated! "It can be only then that one can laugh content. After all these worldly blossoms Widor away, even the worldly gashes will heal because the worldly fastenings, sweet or sour, will be loosened one day. So, real victory and the permanent one will be for one when he/she troops forth replenished with the supreme power of confidence and contentment at the last gasp of one's life.

87

GREATFUL

Our arrival here is tracked by our parting. And this arrival also a loan. we didn't ask for it, we didn't deserve it either. It was just a bestowal, a blessing. Every loan asks for its payment. Ours is in the form of gratitude, good deeds, and small givings. But of a divine design, some provokers or let loose. They stiffen our hearts and head. we become omnific, all-creating. we desire everything to obey our call. we are never ready to take denials. we ascend to the heights, we descend to the hollows. If we just treat our small frame of body and the scanty surroundings as a compendium, every part is a chef-oeuvre; every object carries the Truth for us. we have just to feel, be grateful, and assert the ages-old refrain" Allah-u-Akbar wa anna ibaadullah"--Allah is Great and we are His slaves.

88

I KNOW NONE

At last, the rice stands are stored inside the storage bins. Now begins the time for the vast majority here to sit by the mosque, shop, lane, and road to voice their year-long observations or imaginations. The clock will move slowly here for some months. The staple for discussion will be the maiden professions of the recent political converts, the political drover lashing out at the strayers, the dumb intellectuals blurring their eyes with history to adjust to the new happenings, the youth intoxicated with their winged purposes about bat and ball for the next season, the old turning quid of their life-long tobacco-pipes to puff out their exhaustion.

And I will love all though I know none.

89

WENT SEEKING, RETURNED UNFOUND.

At six admitted to school and changed institutions at various stages. Learn, hear, read, and at toto back to sit in the company of the learned, browsed books, others' thoughts, and deeds. At the end of it back home to ask vainly where what was sought and why unfound still. Confession stains every remembrance. Was it a futile journey from "prison" to "prison", leaving one ashamed? Many are there who likewise remain alien yet part of it. Even much is meager, full is blank. Ignorance continues to throw its patches. But one who is home without the cheating look, the frivolous world and the adulterous wish is already schooled, and that too perfectly.

90

WHEN APPEARANCE COMPELS THE TRUST.

They say a he-sparrow and a she-sparrow were pecking at some scattered grains on some roadside. Meanwhile, a saintly-looking man with a walking stick in hand appeared from a distance. The she-sparrow suggested flight but the he-sparrow suggested staying in view of the man's holy appearance. Soon he neared them and someone the he-sparrow died. the she-sparrow approached the king against it and the Royal Sentence came: life for life. But the she-sparrow relented and instead desired that the fiendish man carried a fiendish appearance in place of his saintly one so that others like us don't get deceived. Aren't there so many among us who pray earlier, louder, and longer yet behave ill?

91

TALE OF YOU

An eagle may have been born out of an egg hatched in some crevice of a rock or inside an eyry-- its nest usually on some lofty place, and then it makes air its field. Whenever it flies, it soars higher and higher with its talons clinched, which open only to pierce some innocent bird in the same common air. Similarly, some of us--the humans -- build our "terra firma" and sport with the less fortunate upon this common earth. So many complaints around them but so few consolations from them. This has been the tale of you. But there are instances when blast has been heard from within the scoria, a thud heard by the births of some eagle fallen dead from its ovory, a lumpish grub in the earth transformed into a fluttering butterfly, the Potter who played his whole life with clay buried under it. But unfortunately, it's a problem with us that we know not any shore but our own.

So, before our graves have out the exuviae of our misdeeds tomorrow, let's soften the gnarled rind of our behavior today to allow the fair shoots of love, affection, and compassion to console them whose life has been a vineyard of complaints so far.

92

MIND's EYE

A mole or nervus is formed on our skin when a cell grows in a cluster and does not spread across the whole body. It is with has been said. Better known to experts in the area. Sometimes it is given a good name eg lucky sign, beauty mark, etc and it buys one a title to fame. But if the same mole turns enormous in size or multiplies on our body, one rushes to the dermatologist. Actually, the single one is also a sort of deformity on the otherwise fair skin, but if and when it becomes an expressive feature of one's facial landscape, it turns one's chief boast. But the moment one depreciates it for its oversized or awkward spread on the body, it causes concern. But when things or seen by the mind's eye, the alien has turned indistinct and even the imperfections become bearable and one's equilibrium of daily routine or social life is not disturbed. does the vast blue sky approve of the single reigning sun only? No, it basks in its joy when it is freckled with innumerable stars. Why should we feel number if Nature is sported with our body features here and there?

HUMMED TALES

Ah! The unfenced Nature of the bygone days is in contrast to the present bustle of the so-called civilized life! One will confess that the serenity, the charming rusticity of that earlier life is missed when all was naturalized; when there was a melody even in the baying of dogs, lowing of cows, the bleating of sheep, the croak of frogs, howl of jackals, clangor of geese, hot of owls, cackling of hens; the snow-flakes played festoons to one's bare-footed raw dance in winter; where is the comfort obtained from the straw-mats, the tales hummed by the grandmothers at the spinning wheels, when young women ran enthusiastically to the nearby spring to bury their pails to collect pure water and household gossip as well; with a hobby when boys flashed the burning brands from their respective yards on a festival-evening; when willow-trees within bend their twigs and lads peeled wands to drive the droves of cattle to the forestside where each note, each buzz, each has was an articulation of Nature. Will those who built cities where one gets tired of a string and is offered man-caused floods of tears, storms of regrets, gales of sighs lead one back where repose is complete, where climates agree and spirits revel?

KING IS ROYAL WHEN KINGLY.

It is said that there was a Swiss hero named William Tell, who did not bow to the tyrant of his time. Therefore, a form of punishment was prescribed for him: he preferred to shoot the apple from his son's head than yield to the tyrant. In our society, we do come across few people who don't snivel about the fast-changing surroundings. They have succeeded in creating a fogbank of their own style and nothing puts them to blush when others make fun of them. They must have a mountain of confidence as Tell had his marksmanship, otherwise who can so easily defy a tyrant or a trend? "haari tchaej na zaahn gilan" or" Ponis peyitan sheeti gaisi toti ponzui": a mynah seeks the grain of corn but preserves the twist of its neck; a monkey may fall from heights but it falls paw-wise, not back-wise. So, if one has a positive disposition, why should man or time change it? After all, why should 1 strike a league with a dog and follow others blindfolded?

"Koi bhul gya maqsad aavan da

Koi kar ke maqsad hal chalya".

95

PILLION LOOKING BEYOND

One day I went to a baker's in the morning. There was a long queue and I was the last customer. When everyone had left, I neared the baker and found one man, seemingly a gentleman, sitting on his haunches inside the baker's shop, visibly ignoring or enjoying the floury flavor there and munching at a hot loaf of bread just out of the oven. Presumably, he waited till his count of bread came out. Meanwhile, the baker kept the baked loaves on one side and the scalded few on the other. When the gentleman stood up to leave, he took within him the scalded loaves as well, provoking the baker to throw a mess of curses after him. Upon my inquiry, he prophesied a speedy decay in the near future. "But why? " the baker replied that baking was the staff of his life. It was a routine with that gentleman, who was a good officer in that locality according to the baker, to eat one hot bread free of cost and take the scalded few for his dog, thus incurring a regular loss upon the baker. And he yielded to his despicable routine simply because he didn't want his dough soured for want of a daily customer.

the baker's words made me guess that for some this life is leisure and indulgence while for others surrender and patience.

How many of us must have arranged a well-stocked larder at our respective homes at the cost of others' hard-earned bread, and bagged a heap of curses in absentia?

YOUR WORDS

www.ingramcontent.com/pod-product-compliance
Lightning Source LLC
LaVergne TN
LVHW061549070526
838199LV00077B/6970